南大专转本系列

专转本 大学语文 专题突破

南大专转本题库研究中心

高职高专研究会基础课程研究分会

共同审定

主编 ⊙ 王　坤

编者 ⊙ 李　莉　周　洁　王建芬　王小玫　赵　琳

南京大学出版社

图书在版编目(CIP)数据

专转本大学语文专题突破 / 王坤主编. —— 南京：
南京大学出版社，2016.12
ISBN 978 - 7 - 305 - 18121 - 4

Ⅰ. ①专… Ⅱ. ①王… Ⅲ. ①大学语文课－成人高等
教育－习题集－升学参考资料 Ⅳ. ①H193.9 - 44

中国版本图书馆 CIP 数据核字(2017)第 000285 号

出版发行　南京大学出版社
社　　址　南京市汉口路 22 号　　　　　邮　编　210093
出 版 人　金鑫荣
书　　名　**专转本大学语文专题突破**
主　　编　王　坤
责任编辑　刘翠红　李鸿敏　　　　　编辑热线　025 - 83686029

照　　排　南京南琳图文制作有限公司
印　　刷　常州市武进第三印刷有限公司
开　　本　787×1092 1/16　印张 8.75　字数 202 千
版　　次　2016 年 12 月第 1 版　2016 年 12 月第 1 次印刷
ISBN 978 - 7 - 305 - 18121 - 4
定　　价　30.00 元

网址：http://www.njupco.com
官方微博：http://weibo.com/njupco
官方微信号：njupress
销售咨询热线：(025) 83594756

前　言

　　江苏省"专转本"考试自 2005 年开始,对文科类、艺术类和外语类考生要求考核《大学语文》,主要考查学生的语言文学知识、阅读能力(包括现代语文阅读和文言文阅读)、文学作品(主要是古典诗词)鉴赏能力以及写作能力(包括应用文体写作和论说文写作)。十多年来,"专转本"大学语文的考试题型不断趋于完善,最近几年已经基本稳定。

　　"南大专转本"编委会一开始就为参加"专转本"考试的学子提供了专业、权威的辅导用书,包括《专转本大学语文考试必读》和《专转本大学语文考试核心密卷》,前者主要是系统梳理"专转本"大学语文考试必须掌握的基本知识,体系性强,实践证明是专转本大学语文备考的上佳教程,深受学子和培训机构欢迎;后者则是用于备考阶段的学习自测,对于检测学习或复习效果,方便实用。两套书都紧紧扣住江苏专转本大学语文考试的考纲要求,把握"专转本"大学语文考试的命题规律,对参加"专转本"考试的文科类、艺术类和外语类学生帮助很大。

　　根据江苏省最新"专转本"考试的要求,结合历年来《大学语文》考试的得分情况,考生在大学语文的几大题型,即语文知识、现代语文阅读、文言文阅读、古诗词鉴赏和作文,得分因考生的个人差异而有所不同,据此,应广大读者要求,"南大专转本"编委会,组织专家主编了这本《专转本大学语文专题突破》,着重就上述几大题型分别设置专项练习,供学生选择使用,既适合自学自练,也适合培训使用,除作文外,均给出了参考答案,并有讲解。

　　由于时间仓促,书中一定存在不足之处,欢迎读者批评指正。

编　者

2016 年 12 月于南京大学鼓楼校区

目　录

一、语文知识专项练习

语文知识一

选择题(在列出的四个选项中只有一项是符合题目要求的,请把正确答案的字母符号填在题后括号内)

1. 以下每组词语里,未出现错别字的是 （　）

　　A. 篷筚生辉　　殚精竭虑　　挑拨是非　　栩栩如生
　　B. 互相推诿　　戊戌变法　　磐竹难书　　逾期作废
　　C. 编纂字典　　断壁颓桓　　瑕瑜互见　　缘木求鱼
　　D. 前倨后恭　　和盘托出　　孺子可教　　杯盘狼藉

2. 下列作品、体裁、朝代(或国别)、作家对应不正确的一项是 （　）

　　A. 《柳毅传》—传奇—唐代—李朝威
　　B. 《镜花缘》—小说—清代—李汝珍
　　C. 《红与黑》—小说—德国—司汤达
　　D. 《羊脂球》—小说—法国—莫泊桑

3. 下列作品、作家、体裁、主人公对应不正确的一项是 （　）

　　A. 《荷花淀》—孙犁—小说—水生
　　B. 《茶馆》—老舍—话剧—王利发
　　C. 《人到中年》—谌容—小说—陆文婷
　　D. 《包身工》—夏衍—小说—"芦柴棒"

4. 下列作品、作家头衔、朝代对应完全正确的一项是 （　）

　　A. 《吊屈原赋》—贾谊(辞赋家)—西汉
　　　　《水经注》—郦道元(地理学家)—北魏
　　B. 《白雪歌送武判官归京》—岑参(边塞诗人)—晚唐
　　　　《虞美人·春花秋月何时了》—李煜(南唐后主,词人)—五代南唐
　　C. 《楚辞集注》—朱熹(文艺批评家)—南宋
　　　　《梦溪笔谈》—沈括(科学家)—元代
　　D. 《潼关怀古》—张养浩(散曲作家)—元代

《诚意伯文集》—宋濂(文学家)—明代

5. 下列文学常识表述不正确的一项是 （　　）

   A. 杜甫的"三吏"、"三别"分别是《新安吏》、《石壕吏》、《潼关吏》和《新婚别》、《垂老别》、《无家别》。

   B. 巴金"爱情三部曲"是《家》、《春》、《秋》;茅盾的"农村三部曲"是《春蚕》、《秋收》、《残冬》。

   C. 左思的"三都赋"指《蜀都赋》、《吴都赋》、《魏都赋》。

   D. 汉代"三班"父子指班彪、班固、班昭;建安文学"三曹"是指曹操、曹丕、曹植。

6. 下列文学常识表述不正确的一项是 （　　）

   A. 古典主义是17世纪欧洲出现的一种文艺思想,主张以古希腊、罗马为典范,所以叫"古典主义"。主要代表人物是拉辛、莫里哀、高乃依等。

   B. 自然主义的代表作家是左拉、龚古尔兄弟等。

   C. 《关汉卿》是现代剧作家曹禺为了纪念关汉卿创作的《窦娥冤》700周年而写的历史剧。全剧12场,"双飞蝶"是全剧的画龙点睛之笔。

   D. 在我国文学史上,屈原、李白的诗歌,吴承恩的小说《西游记》等都有鲜明的浪漫主义特色;杜甫的诗、关汉卿的戏剧、曹雪芹的《红楼梦》、钱锺书的《围城》等,便是现实主义的代表作品。

7. 下列有关韵文的知识,表述不正确的一项是 （　　）

   A. 古体诗又叫"古风"、"古诗"。与近体诗相对而言,它包括魏乐府古辞、南北朝乐府民歌和以后文人创作的有些诗歌。《望天门山》、《梦游天姥吟留别》就是古体诗。

   B. 词的标题和词牌有严格的区别。标题表明了词所涉及的内容,词牌是与韵相配合的乐调,二者分别表示词的内容和形式。

   C. 元曲包括杂剧和散曲。杂剧是可以演出的戏曲;散曲是清唱曲,包括小令和套数,套数是由二支以上的曲子按一定规则连缀而成的组曲,它可以用来叙述完整的情节并夹有议论,如睢景臣的《[般涉调]哨遍·高祖还乡》。

   D. 赋,原是《诗经》铺陈叙事的一种表现手法,后来发展成为一种文体,兼有诗和散文的特点,盛行于汉魏六朝。赋讲求句式整齐,音节和谐,描写多铺陈夸张,常以议论寄托讽喻之意,如杜牧的《阿房宫赋》。

8. 下列作家作品表达不正确的一项是 （　　）

   A. 魏武帝曹操,三国杰出的政治家、军事家和诗人,"建安文学"的开创者,他的名作《龟虽寿》、《观沧海》,至今为人传诵。

   B. 陶渊明是我国文学史上第一位田园诗人,诗文辞赋皆长,以平淡自然、精练质朴的艺术特色著称,散文《桃花源记》、诗《归园田居》都是传世名篇。

C. 五代杰出的文学理论家刘勰所撰写的《文心雕龙》,是我国第一部完整的文学理论著作,包括总论、文体论、创作论、批评论四个主要部分,对后世文学批评家深有影响。

D. 白居易是唐代新乐府诗歌运动的倡导者,他的《秦中吟》是新乐府的代表作品,《琵琶行》《长恨歌》都是为后世传诵的佳作。

9. "白菜五毛钱一斤。"是一个　　　　　　　　　　　　　　　　　　　(　　)

  A. 名词性词组　　　　　　　　　B. 名词

  C. 名词性谓语句　　　　　　　　D. 名词性从句

10. 颔联是指律诗当中的　　　　　　　　　　　　　　　　　　　　　(　　)

  A. 第一、二句　　　　　　　　　B. 第三、四句

  C. 第五、六句　　　　　　　　　D. 第七、八句

11. 《史记》是我国第一部纪传体通史,下列关于《史记》表述不正确的一项是(　　)

  A. 《史记》是司马迁子承父业,为完成父亲的未竟事业而作。

  B. 《史记》包括本纪、书、世家和列传四个部分。

  C. 《史记》善于突出人物的性格特征,通过人物的言行来表现人物。

  D. 历来有很多人注《史记》,最通行的是南朝宋裴骃、唐司马贞和张守节"三家注"。

12. 下列有关文学常识的表述,错误的一项是　　　　　　　　　　　(　　)

  A. 《春夜喜雨》、《闻官军收河南河北》、《望岳》都是杜甫的律诗代表作品。

  B. 王勃、骆宾王、卢照邻、杨炯被后人称为"初唐四杰",《滕王阁序》《送杜少府之任蜀州》是王勃诗歌的代表作。

  C. 盛行于我国宋代的词,有许多不同的词调,每种词调各有特定的名称,叫词牌,如《西江月》《如梦令》《沁园春》《渔歌子》《念奴娇》等。

  D. 唐人小说本无总名,晚唐裴铏给他的小说集起名"传奇",这个名称很能概括唐人小说"传"写"奇事"的特点,所以唐以后以"传奇"统称唐代小说。《柳毅传》《李娃传》《霍小玉传》《长恨歌传》《莺莺传》等唐代著名传奇分别是李朝威、白行简、蒋昉、陈鸿、元稹的作品。

13. 下列有关文学常识的表述,正确的一项是　　　　　　　　　　　(　　)

  A. 《鲁滨逊漂流记》——笛福——法国

  B. 《基督山伯爵》——小仲马——法国

  C. 《钦差大臣》——果戈里——俄国——话剧

  D. 《百万英镑》——巴尔扎克——法国——长篇小说

14. 下列有关文学常识的表述,错误的一项是　　　　　　　　　　　(　　)

A. 《十日谈》和《战争与和平》分别是意大利作家薄迦丘和俄国作家列夫·托尔斯泰的作品。

B. 莎士比亚的四大悲剧是《哈姆雷特》、《李尔王》、《亨利四世》、《奥赛罗》。

C. 苏联作家高尔基的自传体三部曲是《童年》、《在人间》、《我的大学》。

D. 苏联作家阿·托尔斯泰的《苦难的历程》三部曲是《两姊妹》、《一九一八》、《阴暗的早晨》。

15. 下面是对文章标题中表示文体的字的解释,选出有错的一项是　　　　　　（　）

A. 《琵琶行》:古代诗歌的一种体裁,"行"是乐曲的意思。

B. 《师说》:古代论说文的一种体裁,主要特点是阐述某一事物或某一问题的义理。

C. 《论积贮疏》:古代论说文的一种体裁,用于臣属向君王分条陈述某一意见或看法。

D. 《出师表》中"表"表示某种意见或感情。

语文知识二

选择题(在列出的四个选项中只有一项是符合题目要求的,请把正确答案的字母符号填在题后括号内)

1. 下列没有错别字的一组是　　　　　　　　　　　　　　　　　　　（　）

A. 残无人道　　称心如意　　英雄辈出　　班门弄斧

B. 英雄气概　　穿流不息　　铤而走险　　仗义执言

C. 当仁不让　　破釜沉舟　　声音洪亮　　精神焕发

D. 变本加厉　　莫不关心　　情不自禁　　口干舌燥

2. 下列词语中构词方式不同的一个是　　　　　　　　　　　　　　　（　）

A. 源泉　　　　　B. 春风　　　　　C. 光线　　　　　D. 葡萄

3. 下列名句作者排列顺序正确的一组是　　　　　　　　　　　　　　（　）

（1）月上树梢头,人约黄昏后。

（2）想当年,金戈铁马,气吞万里如虎。

（3）安得广厦千万间,大庇天下寒士俱欢颜。

（4）春风得意马蹄疾,一日看尽长安花。

A. 欧阳修、辛弃疾、杜甫、孟郊　　　　B. 欧阳修、杜甫、辛弃疾、孟郊

C. 欧阳修、辛弃疾、孟郊、杜甫　　　　D. 辛弃疾、欧阳修、杜甫、孟郊

4. 下列说法不正确的一项是 （ ）

   A. "史界两司马"指《史记》的作者司马迁和《资治通鉴》的作者司马光,其中《史记》记载了传说中的黄帝至西汉末年的历史。

   B. "南洪北孔"指清代著名戏剧作家洪昇和孔尚任,他们分别是《长生殿》和《桃花扇》的作者。

   C. "四大古典小说"是指《三国演义》、《水浒传》、《西游记》和《红楼梦》,其中《水浒传》与另外一部著名小说《金瓶梅》在题材方面有着密切联系。

   D. "小李杜"指的是晚唐著名诗人李商隐和杜牧,其中李商隐以创作《无题》诗著称。

5. 下列表述正确的一项是 （ ）

   A. 宋词根据艺术风格的不同大致可以分豪放、婉约两类,前者以周邦彦为代表,后者以柳永为代表,有的词人则兼有两种不同风格的作品。

   B. 李清照的词作以南渡为界分为前后两个时期,前后期作品的内容和风格均有明显差异。《声声慢》(寻寻觅觅)堪称其后期词作的代表。

   C. 辛弃疾,字易安,其《永遇乐·京口北固亭怀古》词选自《稼轩长短句》。

   D. 温庭筠是宋代花间派词人代表,他的词作中有大量"男子作闺阁音"类的作品。

6. 下列诗句所描写的历史人物依次是 （ ）

   (1) 留得一双青白眼,笑他无限往来人。
   (2) 东山还着谢公屐,百世行藏安得同。
   (3) 十里扬州落魄时,春风豆蔻写相思。
   (4) 处士胸中别有春,田园寄写天真情。

   A. 孔融、谢朓、杜牧、孟浩然　　　　B. 阮籍、谢灵运、杜牧、陶渊明

   C. 陆游、杜甫、秦观、王维　　　　　D. 嵇康、谢灵运、柳永、陶渊明

7. 下列作品、作家、国别、文体对应全部正确的一项是 （ ）

   A.《高老头》—司汤达—法国—长篇小说

   B.《装在套子里的人》—契诃夫—苏联—短篇小说

   C.《项链》—莫泊桑—法国—短篇小说

   D.《堂·吉诃德》—塞万提斯—西班牙—短篇小说

8. 下列作品、作家、朝代、文体对应全部正确的一项是 （ ）

   A.《六国论》—苏轼—宋朝—史论

   B.《劝学》—荀况—汉朝—议论文

   C.《大堰河——我的保姆》—艾青—现代—诗歌

   D.《废都》—贾平凹—近代—小说

9. 下列表达不正确的一项是 （　　）

　　A. 《太阳照在桑干河上》是女作家丁玲的代表作之一。

　　B. 《茶馆》、《雷雨》是老舍创作的话剧。

　　C. 自1919年五四运动至1949年新中国成立,这个历史时期的文学称为新文学,即中国现代文学。

　　D. 《沁园春·雪》(北国风光)是毛泽东同志新中国成立前创作的词作。

10. 文学作品按传统四分法分类,可以分为 （　　）

　　A. 诗、词、曲、赋　　　　　　　　B. 记叙文、说明文、议论文、应用文

　　C. 诗歌、小说、论文、公文　　　　D. 诗歌、散文、小说、戏剧

11. 阅读古书,要注意地名同名不同地的情况。下列关于古代地名说法不正确的一项是 （　　）

　　A. 战国时称六国为山东,因为六国在崤山函谷关以东。

　　B. "江南豫章长沙"中,江南指今天的湖广、江西一带。

　　C. "齐学者由此颇能言《尚书》,山东大师亡不涉《尚书》以教。"这里的"山东"指齐鲁一带。

　　D. "纵江东父兄怜而王我,我何面目见之。"这里的"江东"指江苏东部。

12. 下列作家作品表述**不正确**的一项是 （　　）

　　A. 孔尚任的《桃花扇》是以侯方域、李香君的爱情故事为线索,写南明王朝兴亡的一部历史剧。

　　B. 清代昆曲艺术的代表作品是洪昇的《长生殿》,写的是唐明皇与杨贵妃的爱情故事。

　　C. 《阅微草堂笔记》是清代纪晓岚的文言短篇笔记小说。

　　D. 李伯元的《官场现形记》、吴趼人的《二十年目睹之怪现状》、刘鹗的《老残游记》和吴敬梓的《儒林外史》合称晚清四大谴责小说。

13. 下列有关文学常识的表述,正确的一项是 （　　）

　　A. 《天方夜谭》又名《一千零一夜》,是古代阿拉伯民间故事集,天方国即阿拉伯。《渔夫的故事》、《阿里巴巴和四十大盗》、《皇帝的新衣》都出自该书。

　　B. 荷马是古希腊诗人、到处行吟的盲歌者,相传著名的史诗《伊利亚特》和《奥赛罗》出自他的手笔;伊索是古罗马寓言作家,传说原为奴隶,后获自由,其代表作品是《伊索寓言》。

　　C. 《格林童话集》是法国的同胞兄弟雅各·格林和威廉·格林共同收集和出版的一部童话故事集。

　　D. 英国浪漫主义诗人拜伦创作了讽刺诗体小说《唐璜》,法国作家莫里哀创作的《唐璜》是喜剧。

14. 下列有关文学常识的表述,错误的一项是 　　　　　　　　　(　)

　　A.《静静的顿河》—肖洛霍夫—苏联—小说

　　B.《苦儿努力记》—莫奈德—法国

　　C.《堂·吉诃德》—塞万提斯—意大利—诗歌

　　D.《羊脂球》—莫泊桑—法国—小说

15. 下面四副对联,纪念的人物分别是 　　　　　　　　　　　　(　)

　　① 深思高举洁白清忠,汨罗江上万古悲风。

　　② 酌酒花间磨针石上,倚剑天外挂弓扶桑。

　　③ 载酒江湖人比黄花更瘦,校碑阑槛梦随漱玉俱飞。

　　④ 诗史数千言,秋天一鹄先生骨;草堂三五里,春水群鸥野老心。

　　A. 司马迁　　　李白　　　　白居易　　　杜甫

　　B. 屈原　　　　辛弃疾　　　白居易　　　陆游

　　C. 屈原　　　　李白　　　　李清照　　　杜甫

　　D. 司马迁　　　辛弃疾　　　白居易　　　陆游

语文知识三

选择题(在列出的四个选项中只有一项是符合题目要求的,请把正确答案的字母符号填在题后括号内)

1. 下列没有错别字的一组是 　　　　　　　　　　　　　　　(　)

　　A. 悖论　　针砭时弊　　心余力绌　　满目疮痍

　　B. 追溯　　绚私舞弊　　腾挪跌宕　　为渊驱鱼

　　C. 诡谲　　睚眦必报　　广袤无垠　　蓬荜生辉

　　D. 倾轧　　陈词烂调　　杳如黄鹤　　良莠不齐

2. "她突然看见路中央盘着一条大蛇。"这句话的宾语是 　　　　　(　)

　　A. 路中央　　　　　　　　　　B. 大蛇

　　C. 盘着一条大蛇　　　　　　　D. 路中央盘着一条大蛇

3. 下列各句中没有语病的一项是 　　　　　　　　　　　　　(　)

　　A. 无论干部和群众,毫无例外,都必须遵守社会主义法制。

　　B. 她因不堪忍受雇主的歧视和侮辱,便投诉《人间指南》编辑部,要求编辑部帮她伸张正义,编辑部对此十分重视。

　　C. 艺术家下乡巡回演出,博得了各界观众的热烈欢迎,对这次成功的演出给予了很高的评价。

    D. 他从不教训人,他鼓励你,安慰你,慢慢地使你的眼睛睁大,牵着你的手徐徐朝前走去,倘使有绊脚石,他会替你踢开。

4. 下列说法不正确的一项是   ( )

    A. 请示是适用于向上级机关请求指示和批准的一种公文。请示一般内容单一,一文一事。

    B. 撰写报告要遵循实事求是的原则,如实反映事物的本来面目,有一说一,既不弄虚作假,也不文过饰非。

    C. 通报适用于表彰先进、批评错误,传达重要精神或情况时所使用的一种下行公文。

    D. 函主要用来向职能部门请求批准和答复审批事项、商洽工作、询问和答复问题。

5. 下列说法正确的一项是   ( )

    A. 鲁迅创作的短篇小说集有《呐喊》、《彷徨》、《朝花夕拾》等。

    B. 郭沫若1921年出版的第一部诗集是《女神》。

    C. 长篇小说《围城》的作者是沈从文。

    D. 曹禺是现代著名的剧作家,作品有《雷雨》、《屈原》、《日出》等。

6. 下列表达不正确的一项是   ( )

    A. "五四"新文化运动是中国现代史上一次空前伟大的思想解放运动。它的开端以《新青年》创刊为标志,主要代表人物有陈独秀、李大钊、胡适等。

    B. 戴望舒是中国20世纪30年代"现代派"诗人的代表人物,《雨巷》是他最负盛名的作品,同时他也获得了"雨巷诗人"的美誉。

    C. "文化大革命"结束后,最早出现的是描写社会改革的"改革文学",代表作品有蒋子龙的《乔厂长上任记》、张洁的《沉重的翅膀》等。

    D. 20世纪80年代的中国文坛上,曾出现一批受西方现代主义文学影响的作品,诗歌有顾城、舒婷等人的朦胧诗,小说有王蒙等人的意识流作品,戏剧有高行健的《绝对信号》、《车站》等。

7. 下列名句的作者排列顺序正确的一组是   ( )

    (1) 长风破浪会有时,直挂云帆济沧海。

    (2) 劝君更尽一杯酒,西出阳关无故人。

    (3) 历览前贤国与家,成由勤俭败由奢。

    (4) 天长地久有时尽,此恨绵绵无绝期。

    A. 李白 王维 李商隐 白居易   B. 王维 李白 李商隐 白居易

    C. 王维 李白 白居易 李商隐   D. 李白 李商隐 王维 白居易

8. 下列表达不正确的一项是 （　　）

　　A. "乐府"原指掌管采诗事务的官府,后来就把从民间采来的诗以及文人仿作的
　　　　这类诗统称为"乐府诗"。

　　B. 骈文是散体中有意多用对偶甚至通篇用对偶的一种文体,多为四六字一句,
　　　　所以又名四六文。

　　C. 词,起于宋朝,原是演唱的歌词,有豪放词派和婉约词派,代表作家分别有苏
　　　　轼、辛弃疾等和晏殊、柳永等。

　　D. 杂剧在元朝盛行,著名的作家有关汉卿、王实甫、马致远等,与杂剧并行的是
　　　　"散曲"。

9. 以"黄梅时节家家雨"为上句,下面四句中哪一句作为它的下句最恰当? （　　）

　　A. 青草池塘独听蛙　　　　　　　　　B. 柳絮池塘淡淡风

　　C. 青草池塘处处蛙　　　　　　　　　D. 丁香初绽悠悠云

10. 下列人物、作品、作家、国别对应全部正确的一项是 （　　）

　　A. 德拉—《麦琪的礼物》—欧·亨利—美国

　　B. 米隆老爹—《羊脂球》—莫泊桑—法国

　　C. 姚纳—《苦恼》—果戈理—俄国

　　D. 乞乞科夫—《死魂灵》—哈代—英国

11. 下列关于古代行政区划表述不正确的一项是 （　　）

　　A. 古代行政区划建置今天依然保留的有县、州和省。

　　B. 秦代设郡县制,郡比县大,后来郡的区域变小了。

　　C. 州和道在古代最初的行政功能是监察。

　　D. 省本来是官署名称,后来成为正式的行政区域名称。

12. 下列有关文学常识的表述,错误的一项是 （　　）

　　A. 宋词"小令"和元曲"小令"中的"小令"是同一个概念,都是指字数少于或等
　　　　于58个字的曲或词。

　　B. "二十四史"是清乾隆诏定的历代正史,始于《史记》终于《明史》,共二十四部
　　　　史书。

　　C. 现代诗歌的主流是新诗,郭沫若的《炉中煤》、闻一多的《死水》、艾青的《礁
　　　　石》、徐志摩的《再别康桥》都是新诗中的优秀作品。

　　D. 古体诗,又称古诗、古风,句式大体整齐,也押韵,与唐代兴起的近体诗相比
　　　　较,它可以称作"自由体"。《梦游天姥吟留别》是古体诗中的杂言诗。

13. 下列有关文学常识的表述,正确的一项是 （　　）

　　A. 因创作《吉檀迦俐》而获得诺贝尔文学奖的诗人是俄国的普希金;获得斯大

林文学奖的中国女作家是丁玲。

B. 长篇叙事诗《王贵与李香香》的作者是现代诗人贺敬之,长篇小说《倪焕之》和短篇小说《夜》的作者是著名作家叶圣陶,长篇小说《钦差大臣》的作者是俄国著名作家果戈里。

C. 《窦娥冤》、《汉宫秋》、《梧桐雨》、《赵氏孤儿》被称作中国古典四大悲剧;莎士比亚的著名悲剧有《哈姆雷特》、《奥赛罗》、《李尔王》等。

D. 《离骚》—屈原—春秋

《浮士德》—歌德—德国

14. 下列有关文学常识的表述,正确的一项是 （ ）

A. 初唐四杰:王勃、庾信、鲍照、骆宾王;元曲四大家:关汉卿、马致远、郑光祖、白朴。

B. 四书:《论语》、《孟子》、《中庸》、《礼记》,五经:《礼》、《书》、《乐》、《易》、《春秋》。

C. 我国与莎士比亚同时期的戏剧家是汤显祖,美国与法国的莫泊桑风格相似的小说家是欧·亨利。

D. 元末罗贯中的《三国演义》、明代施耐庵的《水浒传》和吴承恩的《西游记》、清代蒲松龄的《聊斋志异》和曹雪芹的《红楼梦》都是我国著名的古典白话小说。

15. 下列有关文学常识的表述,正确的一项是 （ ）

A. 魏晋南北朝时期出现的"志人"、"志怪小说",被称为"笔记小说",它是我国古典小说的雏形。

B. 《诗经》是我国最早的一部诗歌总集,收集了从西周到战国近500年间的诗歌305篇。它以四言诗为主,普遍运用赋、比、兴的表现手法。

C. 律诗,每首八句,共分为四联,依次为首联、颈联、额联、尾联。每首颈联、额联讲求对仗,二、四、六、八句押韵。

D. 元曲包括两类,一类是套曲,一类是小令。

语文知识四

选择题(在列出的四个选项中只有一项是符合题目要求的,请把正确答案的字母符号填在题后括号内)

1. 下列无错别字的一组是 （ ）

A. 知迷不悟　阴谋诡计　潜移默化　贻笑大方

B. 首屈一指　宏福齐天　仗义执言　汗牛充栋

C. 利令智昏　再接再厉　秣马厉兵　变本加厉

D. 蜂拥而上　叹为观止　一愁莫展　眼花缭乱

2. 下列各句中"颜色"的意义与其他三句不同的一句是　　　　　　　　　（　　）

A. 她的"圣女升天图"挂在神坛后面，那朱红与亮蓝两种颜色鲜明极了。全幅气韵流动，如风行水上。

B. 他不能忍受这样的欺骗，决定给她点颜色看看。

C. 教堂的地是用大理石铺的，颜色花样种种不同。

D. 她的头发同黄牛马一样颜色。

3. 下列各句中，没有歧义的一句是　　　　　　　　　　　　　　　　（　　）

A. 刘校长来学校里不过几天，许多人还不认识。

B. 这是一个十分有趣的人，他的笑话讲不完。

C. 在《我的父亲》这篇文章中，他写了许多感人的故事。

D. 三个老师提出的建议，在教代会以全票获得通过。

4. 依次填入下面横线上的词语，最恰当的一组是　　　　　　　　　　（　　）

_____古代的一些作家，_____不完全是唯物主义者，_____他们_____是现实主义者，他们的思想中_____不能不具有唯物主义的成分，_____他们能够在自己的作品中反映出一定的客观真理。

A. 尽管　也　可是　即使　也　因而

B. 虽然　也　可是　既然　也　所以

C. 尽管　并　但是　即使　就　因而

D. 虽然　并　但是　如果　就　所以

5. 下列作品、作家、朝代、文体对应完全正确的一项是　　　　　　　　（　　）

A.《资治通鉴》—司马迁—西汉—编年体通史

B.《聊斋志异》—蒲松龄—清代—文言短篇小说集

C.《东坡乐府》—苏轼—南宋—词集

D.《桃花扇》—孔尚任—清代—杂剧

6. 下列说法正确的一项是　　　　　　　　　　　　　　　　　　　　（　　）

A.《登幽州台歌》是"初唐四杰"之一陈子昂的代表作。

B. 陶渊明是山水诗的开创者，谢灵运是田园诗的开创者，而孟浩然和王维的诗歌则实现了对山水与田园题材的综合运用。

C.《金瓶梅》是在民间传说基础上创作的以家庭生活为题材的长篇章回小说。

D.《红楼梦》中的"木石前盟"是指林黛玉与贾宝玉的爱情。

7. 下列作品、文体、人物姓名、人物身份对应完全正确的一项是　　　　　　（　）

  A.《琵琶记》—戏文—赵五娘—贵族妇女

  B.《白兔记》—戏文—李三娘—贵族小姐

  C.《牡丹亭》—传奇—杜丽娘—贵族小姐

  D.《水浒传》—传奇—扈三娘—贵族妇女

8. 下列人物、作品、作家对应完全正确的一项是　　　　　　　　　　　（　）

  A. 虎妞—《月牙儿》—老舍

  B. 子君—《伤逝》—鲁迅

  C. 赵伯韬—《林家铺子》—茅盾

  D. 高觉民—《雾》—巴金

9. 下列各项表述有误的一项是　　　　　　　　　　　　　　　　　　（　）

  A. 陈奂生是梁晓声的系列小说《陈奂生上城》中的人物。

  B. 刘震云的《一地鸡毛》、池莉的《烦恼人生》都是"新写实小说"的代表。

  C. 余秋雨的文化散文将新时期散文推向了一个新的境界,其代表作包括《文化苦旅》、《山居笔记》等。

  D.《人到中年》的作者是谌容,小说的主人公是陆文婷。

10. 下列说法正确的一项是　　　　　　　　　　　　　　　　　　　（　）

  A.《荷马史诗》包括《伊利亚特》和《出埃及记》。

  B.《红与黑》是法国小说家司汤达的代表作。

  C. 莫泊桑是法国古典主义喜剧家,其代表作品有《伪君子》、《吝啬鬼》等。

  D. 大仲马是法国浪漫主义作家,其代表作品是《三个火枪手》和《茶花女》等。

11. 下列关于古代姓名说法不正确的一项是　　　　　　　　　　　　　（　）

  A. 在上古,贵族有姓氏,一般平民没有姓氏。贵族中,女子称姓,男子称氏。

  B. 古人尊对卑称字,卑自称则称名。

  C. 古人除名和字外,还有号,如苏东坡自号东坡居士。

  D. 康有为被称为康南海,是因为有人以为称字称号还不够尊敬,于是称地望。

12. 下列有关文学常识的表述,正确的一项是　　　　　　　　　　　　（　）

  A.《喻世明言》—冯梦龙—明朝

   《堂·吉诃德》—塞万提斯—葡萄牙

  B.《老残游记》—刘鹗—清朝

   《战争与和平》—阿·托尔斯泰—俄国

  C.《四世同堂》—老舍—现代

   《老人与海》—海明威—美国

D. 《伤逝》—周树人—现代

《恶心》—萨特—德国

13. 下列表述错误的一项是 （ ）

A. 楚辞是战国时期兴起于楚国的一种诗歌体裁,代表作是屈原的《离骚》,故又称楚辞为"骚体诗"。

B. 律诗和绝句都是格律诗,句数、字数、平仄、用韵等都有严格规定,统称为古体诗。

C. 杜甫的"三吏"、"三别",白居易的《卖炭翁》,都是广义的乐府诗。

D. 古代散文的范围比现代散文宽得多,凡不押韵、不重视排偶的文章均称散文。

14. 下列有关文学常识的表述,错误的一项是 （ ）

A. 《阿Q正传》是鲁迅写的第一篇白话小说,它是中国现代文学史上第一篇彻底反封建的新文学作品。

B. 郭沫若是中国新诗的奠基人,其诗作《女神》充满了浪漫主义色彩;他又是著名剧作家,先后著有《屈原》、《虎符》、《棠棣之花》、《蔡文姬》。

C. 由现代诗人、剧作家贺敬之与丁毅执笔集体创作的我国第一部新歌剧《白毛女》获1951年斯大林文学奖。

D. 钱锺书字默存,号槐聚,现代文学研究学者和作家,著名学术著作有《谈艺录》、《管锥篇》,讽刺性长篇小说《围城》风格独特,已被译成多种文字。

15. 下列有关文学常识的表述,错误的一项是 （ ）

A. 莫泊桑、契诃夫、欧·亨利均以短篇小说名噪一时,有所谓"世界三大短篇小说之王"的美称。

B. 比利时的格林兄弟以其《儿童与家庭童话故事集》,丰富了世界儿童文学宝库。

C. 因撰写《基督山伯爵》而知名的作家大仲马和以著有《茶花女》而享盛名的小仲马这父子二人对19世纪法国的浪漫主义小说的发展产生了重大影响。

D. 夏洛克、葛朗台、阿巴贡、泼留希金这四大吝啬鬼形象分别出自莎士比亚、巴尔扎克、莫里哀、果戈理的作品。

语文知识五

选择题(在列出的四个选项中只有一项是符合题目要求的,请把正确答案的字母符号填在题后括号内)

1. 下列加点的字,形、音都正确的一项是 ( )

  A. 要(yào)言不烦 潜(qián)移默化 一曝(bào)十寒

  B. 遒劲(jìn)有力 水涨(zhǎng)船高 咸与(yù)维新

  C. 垂涎(xián)三尺 便(biàn)宜行事 酗(xiōng)酒滋事

  D. 甘之如饴(yí) 瞠(chēng)目结舌 意味隽(juàn)永

2. 下列加点的字释义完全正确的一项是 ( )

  A. 久而弥笃(忠实) 雅量高致(意态、情趣) 奇货可居(积存)

  B. 当(承受)之无愧 岁月不居(停留) 置若罔(没有)闻

  C. 休戚(忧愁)与共 长歌当(当作)哭 陈陈相因(凭借)

  D. 长(长期)此以往 好高骛(驰骋)远 戮(合)力同心

3. 构词结构与其他三个词不同的一项是 ( )

  A. 指桑骂槐 B. 正本清源 C. 结党营私 D. 枕戈待旦

4. 指出下列是单句的一项是 ( )

  A. 只有社会主义,才能救中国。

  B. 天下雨我也要去。

  C. 一见困难他就害怕。

  D. 不认真观察和研究客观事物,就发现不了它们内在的活动规律。

5. 修辞方法与其他三句不同的一项是 ( )

  A. 黑暗统治区的人民相信:星星之火,可以燎原。

  B. 我不想故作潇洒,只想活得真实,就像无拘无束的风,在时光里轻盈地走。

  C. 粉色荷花高高地挺出来,是监视白洋淀的哨兵吧。

  D. 船头飞溅起来的浪花,唱着欢乐的歌。

6. 下列作家、评价、作品、朝代对应不正确的一项是 ( )

  A. 陶渊明—"古今隐逸诗人之宗"—《归园田居》—西晋

  B. 王昌龄—"七绝圣手"—《出塞》—唐代

  C. 李煜—"词中之帝"—《虞美人》—五代南唐

  D. 马致远—"曲状元"—《天净沙·秋思》—元代

7. 下列文学常识表述正确的一项是 （　　）

　　A. 杂剧是元曲的一种,代表作有关汉卿的《窦娥冤》、白朴的《墙头马上》、马致远的《汉宫秋》、郑光祖的《倩女幽魂》等。

　　B. 《山海经》和《淮南子》是我国古代保存神话传说最多的古籍,包括《盘古开天地》、《女娲补天》、《夸父逐日》、《共工怒触不周山》等。

　　C. 杜甫的诗句"王杨卢骆当时体","不废江河万古流"称赞的是王粲、杨炯、卢照龄、骆宾王这"初唐四杰"。

　　D. 赋是我国古代的一种文体,介于诗歌和散文之间,韵散兼行。其中司马相如的《子虚赋》《上林赋》等标志着汉大赋的兴盛。

8. 下列表述正确的一项是 （　　）

　　A. 茅盾的代表作品有长篇小说《子夜》,短篇小说《林家铺子》、《农村三部曲》、《李有才板话》等。

　　B. 鲁迅的杂文思想深刻,文字锋利。其杂文集有《二心集》、《野草》、《南腔北调集》等。

　　C. 老舍的作品北京味儿浓郁,他的代表作品有《骆驼祥子》、《月牙儿》、《茶馆》等。

　　D. 《激流三部曲》——《雾》、《雨》、《电》是巴金的代表作。

9. 下列表述正确的一项是 （　　）

　　A. "伤痕文学"以刘心武的小说《伤痕》命名,是"文化大革命"后以揭露社会弊端为主要特点的文学思潮。

　　B. 《面朝大海,春暖花开》是诗人顾城的代表作品之一,寄托了作者对人类美好明天的真诚祝愿。

　　C. 余秋雨的《都江堰》运用对比手法,得出结论:长城固然伟大,但是,"永久性地灌溉了中华民族"的都江堰却更伟大。

　　D. 史铁生的小说《我与地坛》以第一人称叙述的方式,以"地坛"为背景,讲述了"我"童年时期的一段情感故事。

10. 下列表述错误的一项是 （　　）

　　A. 普希金的代表作《驿站长》开创了俄国文学描写小人物的先河。

　　B. 拉伯雷被称为人文主义的"巨人",其代表作品是《老古玩店》。

　　C. 笛福是英国现实主义小说的奠基人,其代表作品是《鲁滨逊漂流记》。

　　D. 卢梭的《爱弥儿》是一部教育小说。

11. 下列句读正确的一项是 （　　）

　　A. 收天下之兵,聚之咸阳,销锋镝,铸以金人十二,以弱天下之民。

　　B. 世儒学者,好信师而是古,以为圣贤所言,皆无非精专讲习,不知难问。

C. 夫拜谒礼仪之效,非益身之实也。

D. 且夫天者,气耶? 体也。

12. 下列有关文学常识的表述,错误的一项是 （ ）

A. 报告文学是运用文学手段来反映现实生活中真人真事的一种文体。它的主要特征是新闻性、文学性、政论性的统一。

B. 绝句,因其形式很像截取律诗的一半,又叫"截句",或五言,或七言。绝句每首四句,不要求两两对仗,只要有一联对仗就可以。

C. 现代散文指"五四"以来用白话写作的各类散文作品。朱自清的《欧游杂记》、余秋雨的《文化苦旅》、李健吾的《雨中登泰山》都是脍炙人口的现代散文佳作。

D. 《左传》、《史记》、《资治通鉴》是我国古代历史散文的三个里程碑。其中,《左传》和《资治通鉴》的体例是一样的,属于编年体,而《史记》则开纪传体之先河。

13. 下列有关文学常识的表述,错误的一项是 （ ）

A. 《左传》、《史记》等历史散文作品,以"实录"的笔法将人物写得真实丰满,有血有肉。

B. 《项脊轩志》以清淡朴素的笔法写身边琐事,亲切动人。它的作者归有光被认为是"桐城派"的代表人物。

C. 茅盾的《子夜》、巴金的《家》、老舍的《骆驼祥子》以及叶圣陶的《倪焕之》,是我国 20 世纪二三十年代著名的长篇小说。

D. 马克·吐温和欧·亨利都擅长写讽刺小说。马克·吐温的《竞选州长》、《百万英磅》和欧·亨利的《警察与赞美诗》等都深受读者的喜爱。

14. 下列有关文学常识的表述,正确的一项是 （ ）

A. 《阴谋与爱情》—歌德—德国—小说

B. 《死魂灵》是俄国著名作家果戈里的长篇小说,其中塑造了泼留希金这个吝啬鬼的形象。

C. 欧·亨利是美国著名的短篇小说家,他的作品有独特的风格,情节曲折,结尾"出人意料之外,又在情理之中",其代表作有《丧钟为谁而鸣》、《麦琪的礼物》及《警察和赞美诗》。

D. 普希金被誉为"俄罗斯文学之父",他的代表作有《叶甫盖尼·奥涅金》、《上尉的女儿》、《猎人笔记》等。

15. 下列有关文学常识的表述,不正确的一项是 （ ）

A. 《忏悔录》—卢梭—法国—自传

B. 《堂·吉诃德》、《哈姆雷特》和《丑小鸭》和《麦琪的礼物》的作者分别是西班牙的塞万提斯、英国的莎士比亚、挪威的安徒生和美国的欧·亨利。

    C. 欧·亨利的作品被誉为"美国生活幽默的百科全书",能成功地运用幽默讽刺手法的还有俄国的契诃夫、果戈里以及美国的海明威。

    D. 巴尔扎克是法国著名作家,他的小说总集《人间喜剧》形象地反映了法国贵族阶级的没落和资产阶级的上升,深刻揭露了金钱统治的种种罪恶。

语文知识六

选择题(在列出的四个选项中只有一项是符合题目要求的,请把正确答案的字母符号填在题后括号内)

1. 下列加点字读音完全相同的一组是　　　　　　　　　　　　　　　　（　　）

    A. 谜语　　　　糜烂　　　　靡丽　　　　麋鹿

    B. 阡陌　　　　捐客　　　　扦插　　　　迁就

    C. 诠释　　　　蜷缩　　　　得鱼忘筌　　痊愈

    D. 半身不遂　　随心所欲　　骨髓　　　　绥靖

2. 下列没有错别字的一组是　　　　　　　　　　　　　　　　　　　　（　　）

    A. 长歌当哭　　歪风邪气　　明辨是非　　异曲同功

    B. 好大喜功　　相形见拙　　情不自禁　　冠冕堂皇

    C. 迫不及待　　发扬光大　　宽洪大量　　当仁不让

    D. 川流不息　　貌合神离　　名副其实　　奇货可居

3. 下列加点字释义正确的一组是　　　　　　　　　　　　　　　　　　（　　）

    A. 数典忘祖(责备)　　居高临下(处在)　　同仇敌忾(愤恨)

    B. 罄竹难书(尽)　　雷霆万钧(三十斤为一钧)　　惴惴不安(恐惧发愁的样子)

    C. 摇曳多姿(拉)　　夙兴夜寐(旧的)　　潜移默化(暗)

    D. 要言不烦(扼要)　　殒身不恤(安抚)　　残羹冷炙(烤熟的肉)

4. 下列各句采用的修辞手法依次是　　　　　　　　　　　　　　　　　（　　）

  ① 何以解忧,惟有杜康。

  ② 现在不是西风压倒东风,而是东风压倒西风。

  ③ 我的母亲早已出来了,接着便飞出了八岁的侄儿宏儿。

    A. 借代、借喻、拟物　　　　　　B. 借代、借喻、拟人

    C. 借喻、借代、拟物　　　　　　D. 借喻、借代、拟人

5. 在下列各句中,存在语病的一句是　　　　　　　　　　　　　　　　（　　）

A. 青年一代的素质如何,在很大程度上决定着中华民族在 21 世纪的前途和命运。

B. 有识之士指出,全面提高学生的素质教育,是教育界目前面临的大事。

C. 我们相信,教育优先发展的战略地位,在《国家中长期教育发展和改革规划纲要》颁布后,必将得到进一步落实。

D. 然而,培养一代新风,不单是学校的事,也是全社会的事。

6. 若今年用干支纪年是庚寅年,据此推算,则后年用干支纪年是　　　　　　　(　　)

　　A. 壬辰年　　　　　B. 辛丑年　　　　　C. 甲申年　　　　　D. 辛亥年

7. 下列诗词名句与作者排序对应正确的一项是　　　　　　　　　　　(　　)

　　(1) 酒入愁肠,化作相思泪。

　　(2) 野旷天低树,江清月近人。

　　(3) 落花人独立,微雨燕双飞。

　　(4) 两情若是久长时,又岂在朝朝暮暮。

　　A. 秦观、孟浩然、范仲淹、晏几道

　　B. 孟浩然、范仲淹、秦观、晏几道

　　C. 范仲淹、孟浩然、晏几道、秦观

　　D. 孟浩然、范仲淹、晏几道、秦观

8. 以下作品、时代、作家对应完全正确的一项是　　　　　　　　　(　　)

　　A.《赵氏孤儿》——元代——关汉卿

　　B.《徐霞客游记》——明代——徐宏祖

　　C.《项脊轩志》——清代——归有光

　　D.《阅微草堂笔记》——清代——袁枚

9. 下列说法中正确的一项是　　　　　　　　　　　　　　　(　　)

　　A. 楚辞是屈原在公元 4 世纪所创制的新诗体,《楚辞》一书则在西汉初由刘向编辑而成。

　　B. 拟话本是指明代中后期文人模拟宋元话本小说所作的小说,其中冯梦龙的"二拍"是当时著名的拟话本小说。

　　C. 古体诗是指唐代以前的诗歌和后人模仿唐以前诗歌的诗作;近体诗是指唐代的格律诗;今体诗是指现当代自由体诗歌。

　　D. 魏晋南北朝时期是小说的重要发展阶段,这一时期的代表作品有刘义庆的《世说新语》和干宝的《搜神记》等。

10. 下列说法中正确的一项是　　　　　　　　　　　　　　(　　)

　　A. 南朝时期的谢灵运是我国诗歌史上第一位有成就的山水诗人,"池塘生春草,园柳变鸣禽"是他的诗《登池上楼》中的名句。

B. 北宋诗人苏轼的诗歌多富有哲理,"问渠哪得清如许,为有源头活水来"是他的诗《观书有感》中的名句。

C. 南宋词人柳永是婉约派的代表人物之一,"今宵酒醒何处,杨柳岸晓风残月"是他的词《八声甘州》中的名句。

D. 南宋的陆游是著名的爱国诗人,"出师一表真名世,千载谁堪伯仲间"是他的诗《题蜀相祠堂》中的名句。

11. 下列说法中正确的一项是 （ ）

A. "二十四史"中前四史依次为:左丘明的《左传》、司马迁的《史记》、班固的《汉书》和陈寿的《三国志》。

B. "四书"是《中庸》、《礼记》、《论语》和《孟子》的合称。

C. "元曲四大家"是指关汉卿、马致远、白朴和郑光祖四位元曲作家。

D. 晚清四大"谴责小说"分别为:吴敬梓的《儒林外史》、李宝嘉的《官场现形记》、吴沃尧的《二十年目睹之怪现状》和曾朴的《孽海花》。

12. 下列说法符合实际的一项是 （ ）

A. "三教九流"中的"三教"指儒、道、墨三家。

B. 古代"五色土"与地理方位是对应的,其中东方对应青土,北方对应黑土。

C. 古代宴席座次有尊卑之分,最尊为坐北面南,最卑为坐东面西。

D. 古代称授予官职为"拜",称免除官职为"除"。

13. 下列表述正确的一项是 （ ）

A. 郭沫若的诗歌《炉中煤》,其副标题是"眷念祖国的情结",诗歌表达了作者对祖国的炽热情感。

B. 20世纪30年代和林语堂发起并鼓吹"闲适幽默"的作家是张资平。

C. 朱自清是现代著名散文家、爱国民主战士,他的散文主要有《背影》、《春》、《白杨礼赞》等。

D. 艾青的第一本诗集是《黎明的通知》。

14. 下列表述正确的一项是 （ ）

A. 宗璞,原名冯钟璞,南京人,当代著名女作家。

B. 高士其的《我们肚子里的食客》既是实体事物的记叙文,又属于科学小品。

C. 叶圣陶的《苏州园林》和余秋雨的《都江堰》均属于说明文。

D. 秦牧是当代著名的散文家,其代表作有散文集《花城》、《潮汐和船》等。

15. 下列有关作家、作品的说法错误的一项是 （ ）

A. 《伊里亚特》和《奥德修纪》统称为荷马史诗。

B. 巴尔扎克立志要当法国社会的"书记"。他以20年的心血铸造出欧洲文学史上一座光辉的丰碑——《人间喜剧》。

C. 莎士比亚的《哈姆雷特》,其主要剧情是英国王子哈姆雷特杀死篡位的叔父,
   为父复仇的故事。

D. 果戈理是俄国批判现实主义文学的奠基人,其代表作品是《死魂灵》。

语文知识七

选择题(在列出的四个选项中只有一项是符合题目要求的,请把正确答案的字母符号填在题后括号内)

1. 下列加点的字读音完全相同的一组是 （ ）

  A. 滇池 癫狂 颠簸 癜风

  B. 晕车 愠色 酝酿 熨斗

  C. 籍贯 慰藉 嫉妒 辑录

  D. 血泊 血压 献血 血汗

2. 下列没有错别字的一组是 （ ）

  A. 松弛 精粹 思辨 遴选

  B. 粗犷 气概 瑰宝 发韧

  C. 匮乏 修葺 倾刻 赝品

  D. 人情世故 有恃无恐 额首称庆 鬼鬼祟祟

3. 下列加点的字词释义正确的一组是 （ ）

  A. 因循守旧(沿袭) 秣马厉兵(战士) 良莠不齐(狗尾草)

  B. 镂骨铭心(刻) 嘉言懿行(美好的) 意兴阑珊(将尽;衰落)

  C. 家徒四壁(仅仅) 无耻谰言(吹嘘) 力能扛鼎(用单手举重物)

  D. 焚膏继晷(月影) 当(应当)仁不让 管窥蠡(瓢)测

4. 下列句子使用拟人修辞格的一项是 （ ）

  A. 天潮潮地湿湿,连思想也都是潮润润的。

  B. 蔽日旌旗,连云樯橹,白骨纷如雪。

  C. 长城摆出一副老资格等待人们的修缮,都江堰却卑处一隅,像一位绝不炫耀、
   毫无所求的乡间母亲,只知贡献。

  D. 这种事在贝多芬是不可想象的,因为甚至在他已老到像一头苍熊时,他仍然
   是一只未经驯服的熊崽子。

5. 下列各句表述错误的一项是 （ ）

  A. "本市粮食总产量以平均每年递增 20% 的速度,大踏步向前发展。"这句话有

语法错误。

  B. "强本而节用,则天不能贫。"句中的虚词"而"表转折关系。

  C. "庄公寤生,惊姜氏。"句中的"寤"是"牾"的借字,应理解为"逆"、"倒着"。

  D. "楚国方城以为城,汉水以为池。""彼且奚适也?"这两个句子都是宾语前置句。

6. 下面关于明清两代科举制度表述错误的一项是   (   )

  A. 每两年一次在各省省城举行乡试,乡试录取者称为"举人"。

  B. 举人参加会试,取中后称为"贡士",第一名称为"会元"。

  C. 殿试一甲三名——状元、榜眼、探花,如鼎之三足,故称"鼎甲"。

  D. 未考取秀才的读书人,不论年龄大小,都称"童生"。

7. 下列诗词名句与作者排序对应正确的一项是   (   )

  (1) 海上生明月,天涯共此时。

  (2) 羌笛何须怨杨柳,春风不度玉门关。

  (3) 衣带渐宽终不悔,为伊消得人憔悴。

  (4) 花自飘零水自流,一种相思,两处闲愁。

  A. 张若虚、王之涣、柳永、纳兰性德

  B. 张九龄、孟浩然、秦观、李清照

  C. 张若虚、孟浩然、秦观、纳兰性德

  D. 张九龄、王之涣、柳永、李清照

8. 以下作品、朝代、作家对应正确的一项是   (   )

  A. 《赵氏孤儿》——元代——郑光祖

  B. 《中吕·山坡羊(潼关怀古)》——明代——张养浩

  C. 《官场现形记》——清代——刘鹗

  D. 《病梅馆记》——清代——龚自珍

9. 下列说法中错误的一项是   (   )

  A. 先秦散文,一类是历史散文,以叙事记言为主,主要著作有《左传》、《战国策》等;一类是诸子散文,以议论说理为主,主要著作有《孟子》、《庄子》等。

  B. 自魏晋以来,辞赋骈偶化的倾向日渐明显。至南北朝时期,骈赋已成为文人赋作的主要形式,南北朝骈赋作家以鲍照、江淹、庾信、阮籍等为代表。

  C. 唐传奇是文言小说成熟的标志,代表作有蒋防的《霍小玉传》,李朝威的《柳毅传》等。宋元话本以历史演绎和佛经故事为主,对明清小说产生直接影响。

  D. 《三国演义》是章回体历史小说,也是我国第一部长篇白话小说。《金瓶梅》是以家庭生活为题材的长篇小说,也是我国第一部文人独创的长篇小说。

10. 下列说法中正确的一项是   (   )

  A. "建安文学"是指汉末建安时期的文学。文学史上的建安时期指建安至东晋的一段时间,其代表作家包括曹操、曹植、建安七子等。

    B. "唐宋八大家"是指唐、宋八位著名的散文作家,即唐代的韩愈、柳宗元、白居易和宋代的欧阳修、苏洵、苏轼、苏辙、王安石。

    C. "前后七子"是明代两个文学流派的合称。"前七子"以李梦阳、何景明为代表,"后七子"以李攀龙、王世贞为代表。

    D. "南洪北孔"是明代戏曲家洪昇与孔尚任的并称。洪昇是南方人,孔尚任是北方人,他们所作的《长生殿》、《桃花扇》负有盛名,故称。

11. 下列关于中国古代文化,表述正确的一项是 （ ）

    A. 朝觐在古代指臣子朝见君主。

    B. 寒食节在清明节后一日或二日。

    C. 孝悌指孝顺父母,敬爱兄弟。

    D. 少牢指祭祀时只用牛羊二牲。

12. "适用于公布各有关方面应当遵守或周知的事项"的文体是 （ ）

    A. 通知   B. 通告   C. 报告   D. 通报

13. 下列关于作家、作品的叙述正确的一项是 （ ）

    A. 曹禺是现代著名剧作家,其代表作有《雷雨》、《日出》、《茶馆》、《北京人》等。

    B. 《阿Q正传》是中国现代文学史上的第一篇白话小说,表现了阿Q的"精神胜利法"。

    C. 徐志摩的抒情诗《再别康桥》融情于景,表达了作者对母校的眷恋之情。

    D. 郁达夫的小说《沉沦》是作者在英国留学时期情感和思想的写照,具有鲜明的自传性。

14. 下列关于当代文学史的叙述正确的一项是 （ ）

    A. 20世纪80年代中期,被称为第一篇"真正具有现代派小说味"的作品是铁凝的《你别无选择》。

    B. 余秋雨的散文包含着对文化的深刻思考,将新时期散文推向了新的境界,其代表作有《文化苦旅》、《山居笔记》等。

    C. 20世纪80年代末90年代初期,中国小说创作中涌现出"新写实主义"潮流,刘醒龙的《单位》、池莉的《烦恼人生》和方方的《风景》是其代表作品。

    D. "文化大革命"结束后,中国文艺创作有复苏迹象。被称为"三只报春的燕子"的是刘心武的《班主任》、徐迟的《哥德巴赫猜想》和王蒙的《春之声》。

15. 下列关于作家、国别以及作品对应完全正确的是 （ ）

    A. 雨果——法国——《巴黎圣母院》

    B. 莱蒙托夫——俄国——《静静的顿河》

    C. 拉伯雷——意大利——《巨人传》

    D. 夏洛蒂·勃朗特——英国——《呼啸山庄》

语文知识八

选择题（在列出的四个选项中只有一项是符合题目要求的,请把正确答案的字母符号填在题后括号内）

1. 下列词中加点的字读音完全相同的一组是　　　　　　　　　　（　　）

 A. 骨髓　　隧道　　随意　　遂愿

 B. 殷切　　殷红　　荫庇　　阴凉

 C. 勉强　　强迫　　强求　　强颜

 D. 神色　　色彩　　褪色　　色盲

2. 下列成语或词语中没有错别字的一组是　　　　　　　　　　（　　）

 A. 束之高搁　　鼎立相助　　横征暴敛

 B. 越俎代疱　　滥竽充数　　缘木求鱼

 C. 声名雀起　　暗然泪下　　洁白无瑕

 D. 独当一面　　势不可挡　　峨冠博带

3. 下列加点的字词释义全都正确的一组是　　　　　　　　　　（　　）

 A. 相濡以沫（口水）　　拾级而上（轻步而上）　　再接再厉（磨）

 B. 繁文缛节（繁琐）　　破釜沉舟（古代的炊事用具）　　好高骛远（追求、致力）

 C. 以汤沃雪（开水）　　颔首赞许（点头）　　胶柱鼓瑟（支撑房屋的木头）

 D. 海市蜃楼（大蛤蜊）　　颇有微词（轻微的）　　联袂而往（袖子）

4. 下列说法正确的一项是　　　　　　　　　　（　　）

 A. “法国电影周的上映,加强了中法两国人民的传统友谊。”这句话没有语法错误。

 B. “楚不用吴起而削乱,秦行商鞅而富强。”两句中的“而”均表示并列关系。

 C. “敢问夫子恶乎长?”该句中的“恶”是疑问代词,意思是“哪方面”。

 D. “是故质的张而弓矢至焉,林木茂而斧斤至焉。”该句中的“焉”意为“了”。

5. 下列关于中国古代礼仪的表述,正确的一项是　　　　　　　　　　（　　）

 A. 古代的“五礼”指的是:吉礼、凶礼、军礼、宾礼、学礼。

 B. 古人自称时常用谦称,一般有愚、鄙、敝、卑、窃、仆等。

 C. 顿首,俗称“叩头”,即跪而拱手,头轻缓至地,稍做停留。

 D. 鹿鸣宴,兴起于唐代,是朝廷宴请乡试新科举子的宴饮活动。

6. 下列诗词名句与作者对应正确的一项是　　　　　　　　　　（　　）

（1）江天一色无纤尘，皎皎空中孤月轮。 （2）白日放歌须纵酒，青春作伴好还乡。

（3）鸡声茅店月，人迹板桥霜。 （4）倩何人、唤取红巾翠袖，揾英雄泪。

A. 张若虚、杜甫、温庭筠、辛弃疾 B. 张九龄、李白、韦庄、陆游

C. 张若虚、李白、韦庄、辛弃疾 D. 张九龄、杜甫、温庭筠、陆游

7. 下列说法错误的一项是 （　）

A. 《诗经》是我国古代最早的一部诗歌总集，所辑多为周初至春秋中叶的作品，共收诗300多篇，故又称"诗三百"。

B. 汉代散文可分为史传文和论说文两大类。论说文包括奏议、政论、杂文等体裁，大都与现实生活密切相关。

C. 词是兴起于唐代的一种新文体。词有各种不同的曲调，一般分为上下两阕，又称"前后阕"、"上下片"等。

D. 明代拟话本继承了宋元话本的艺术传统。代表作有刘义庆的《世说新语》、冯梦龙的"三言""二拍"等。

8. 下列说法正确的一项是 （　）

A. "永明体"是南朝时期沈约、谢灵运等人创制的一种诗体。

B. 唐代"元白诗派"以白居易和元好问为代表，该诗派诗歌内容多反映现实生活。

C. 宋代"江西诗派"中的"三宗"指的是黄庭坚、陈师道和陈与义。

D. "桐城派"是清中叶著名的散文流派，代表作家有方苞、姚鼐、归有光等。

9. 下列关于现代文学的表述，正确的一项是 （　）

A. 老舍的小说代表作有《骆驼祥子》、《月牙儿》、《茶馆》等。

B. 高行健是新时期十年的话剧作家之一，代表作有《车站》、《彼岸》等。

C. 闻一多诗歌理论中的"三美"，即建筑美、节奏美、绘画美。

D. 贾平凹的《白鹿原》被文学评论界公认为具有史诗般风格的作品。

10. 下列作家、国籍、作品对应完全正确的一项是 （　）

A. 塞万提斯—意大利—《堂·吉诃德》

B. 斯丹达尔—德国—《红与黑》

C. 川端康成—日本—《雪国》

D. 狄更斯—英国—《呼啸山庄》

11. 关于古书注解，下列不正确的说法是 （　）

A. 注解古书的工作始于汉代。

B. 唐代出现了"注疏"或"正义"，不仅解释古书正文，而且给前人的注解做注解。

C. 司马贞和张守节对《史记》的注解，较多集中在官制的考证上。

D. 有的古书注解增补了许多历代难得的史料,如裴松之注《三国志》。

12. 下列有关文学常识的表述,错误的一项是 （　　）

    A. 泰戈尔是印度的伟大诗人,他的诗对我国"五四"以来的新诗影响很大。

    B. 安徒生是丹麦著名的童话作家,著名作品有《丑小鸭》、《卖火柴的小女孩》、《皇帝的新衣》等。

    C. 苏联作家高尔基的代表作有长篇小说《母亲》,自传体三部曲《童年》、《在人间》、《我的大学》和散文诗《鹰之歌》、《海燕》等。

    D. 英国剧作家莎士比亚的著名悲剧有《奥赛罗》、《哈姆雷特》、《李尔王》、《仲夏夜之梦》。

13. 下列有关文学常识的表述,正确的一项是 （　　）

    A. 海明威—《丧钟为谁而鸣》—美国—小说

    B. 巴尔扎克—《幻灭》—法国—戏剧

    C. 雨果—法国—《大卫·科波菲尔》—自传体小说

    D. 雪莱—英国—《唐璜》—叙事诗

14. 下列有关文学常识的表述,不正确的一项是 （　　）

    A. "骚体"又称"楚辞体",得名于屈原的《离骚》,特点之一是多用"兮"字。

    B. 散曲包括套曲和杂剧,是盛行于元代的一种曲子形式,体式比较自由。

    C.《白洋淀纪事》是孙犁最负盛名和最能代表他创作风格的一部作品集。

    D. 惠特曼是美国伟大的诗人,他的诗对我国"五四"以来的新诗影响很大。

15. 下列作家作品的表述,有错误的一项是 （　　）

    A. 奥地利作家卡夫卡被认为是西方现代派文学的奠基人之一,是我们这个时代最值得关注、最深刻的思想家之一,他的主要作品有《变形记》、《乡村医生》等。

    B. 高尔基是苏联无产阶级文学最伟大的奠基者,他的自传体三部曲被列宁誉为一部"非常及时的书"。

    C.《老人与海》是美国作家海明威的一部力作,描写一个老渔夫与鲨鱼搏斗的故事,歌颂了人的伟大力量,他因此获得 1954 年诺贝尔文学奖。

    D. 日本著名作家川端康成,1968 年获诺贝尔文学奖。他的主要作品有《伊豆的舞女》、《千只鹤》等,笔法细腻,感受敏锐。

语文知识九

选择题(在列出的四个选项中只有一项是符合题目要求的,请把正确答案的字母符号填在题后括号内)

1. 下列词语没有错别字的一组是 （   ）

   A. 生杀予夺　　直接了当　　贻笑大方　　隐约其辞
   B. 自惭形秽　　莫可名状　　名列前矛　　轻手蹑脚
   C. 深沟险壑　　影影绰绰　　满目疮痍　　暴戾恣睢
   D. 花团锦簇　　好高骛远　　谬种流传　　贫瘠不堪

2. 下列词语中加点的字,读音全都正确的一项是 （   ）

   A. 差(chā)强人意　　好(hào)高骛远　　心宽体胖(pàng)　　一曝(pù)十寒
   B. 一丘之貉(hé)　　舐(tiǎn)犊之情　　和(hé)盘托出　　烜(xuǎn)赫一时
   C. 流水汤汤(shāng)　　芊(qiān)莽莽　　濒(bīn)临危境　　身陷囹圄(yǔ)
   D. 茕茕(qióng)孑立　　羽扇纶(lún)巾　　瞠(chēng)目结舌　　惴惴(zhuì)不安

3. 下列对联与人物关系正确的一项是 （   ）

   A. 铁板铜琶,继东坡高唱大江东去;美芹悲黍,冀南宋莫随鸿雁南飞。——苏东坡
   B. 笔落惊风雨,诗成泣鬼神。——李贺
   C. 笔净时政,心在苍生,万户争传新乐府;堤建西湖,神归东洛,千秋永祀老诗翁。——白居易
   D. 枫叶四弦秋,怅触天涯迁谪恨;浔阳千尺水,勾留江上别离情。——屈原

4. 下列有关文学常识的表述,错误的一项是 （   ）

   A. 我国第一部文人诗集是《楚辞》,第一首长篇抒情诗是屈原的《离骚》,第一首长篇叙事诗是《孔雀东南飞》,前第一篇文学批评作品是曹丕的《典论·论文》,第一部文学理论专著是刘勰的《文心雕龙》。
   B. 赋是从《诗经》中"赋"的手法和楚辞发展而来,是介于诗和散文之间的一种文体。其特点是铺张扬厉,多用排比对偶,结尾往往发一点议论,寄托讽喻之意。与诗的最大区别是只能朗诵,不能用来歌唱。著名作品有曹植的《洛神赋》、杜牧的《阿房宫赋》、杨朔的《茶花赋》。
   C. 《汉书》亦称《前汉书》,是我国第一部纪传体断代史,其中有不少传记也写得十分成功,最著名的是《苏武传》;《后汉书》也是我国史学名著,《张衡传》是其中著名的人物传记。

D. 清代较著名的戏曲有《长生殿》(洪昇著)、《桃花扇》(孔尚任著),由于两者有较大影响,后人称之为"南洪北孔"。

5. 下列有关文学常识的表述,正确的一项是　　　　　　　　　　　　　(　　)

　　A. 唐代三大诗人是李白、杜甫、王维;宋代苏轼开创了豪放词派,辛弃疾继承并发展了他的豪放词风。

　　B. 我国第一部反映农民起义的长篇章回体小说是施耐庵的《水浒传》,我国第一部长篇章回体历史小说是罗贯中的《三国演义》。

　　C.《庄子》是春秋时期的庄周和门人以及后学者宣传道家学派理论的一部重要著作,书中的《庖丁解牛》尽管在宣传消极的滑头处世哲学,但作为独立的寓言故事,我们却可以从中得出"勤于实践,掌握规律"的积极结论。

　　D.《燕歌行》—王维—唐代—诗歌

6. 下列有关文学常识的表述,错误的一项是　　　　　　　　　　　　　(　　)

　　A. 贾谊的《过秦论》开中国史论的先河,就艺术而论,《过秦论》三篇中以上篇写得最好,在西汉一代政论中也是压卷之作。

　　B. 刘义庆的《世说新语》是魏晋逸事小说的代表作品,是我国最早的一部笔记小说集。书中不少故事,如"周处除三害"、"祢衡击鼓骂曹"、"望梅止渴"、"七步成诗"、"管宁割席"等为后世广为传诵。

　　C.《水浒传》不仅是我国章回小说的开山之作,也是我国最有成就的长篇历史小说之一,它的主题是"官逼民反"。

　　D. 明代散文创作出现了不少流派,如"前七子"、"后七子"、"唐宋派"(归有光)、"公安派"(袁宏道)等。

7. 在下列作品中,具有浪漫主义艺术特色的一组是　　　　　　　　　　(　　)

　　A.《伐檀》《涉江》《茅屋为秋风所破歌》《琵琶行》

　　B.《孔雀东南飞》《卖炭翁》《琵琶行》《水浒传》

　　C.《涉江》《梦游天姥吟留别》《西游记》《聊斋志异》

　　D.《硕鼠》《木兰诗》《石壕吏》《念奴娇·赤壁怀古》

8. 下列作品、作家、时代、国籍及体裁对应正确的一项是　　　　　　　(　　)

　　A.《原野》—话剧—曹禺—中国—现代
　　　《玩偶之家》—小说—易卜生—挪威—19世纪

　　B.《豌豆上的公主》—童话—安徒生—丹麦—文艺复兴时期
　　　《沉沦》—小说—郁达夫—中国—现代

　　C.《伪君子》—话剧—莫里哀—英国—17世纪
　　　《伤逝》—小说—鲁迅—中国—现代

　　D.《罗密欧与朱丽叶》—戏剧—莎士比亚—英国—文艺复兴时期

《倪焕之》—小说—叶圣陶—中国—现代

9. 下列有关文学常识的表述,错误的一项是 （ ）

    A. 韩愈、柳宗元是唐代古文运动的倡导者,他们主张废弃六朝以后华而不实的骈俪文,而创作内容充实、形式自由的散文。

    B. 词是诗歌的一种,最初是配合音乐来歌唱的。根据字数多少,可分为小令、中调、长调。

    C. 长篇小说《青春之歌》、《围城》分别塑造了不同类型的知识分子形象,从不同侧面反映了知识分子在革命斗争中成长的过程。

    D. 《钢铁是怎样炼成的》和《牛虻》分别是苏联作家奥斯特洛夫斯基和爱尔兰作家伏尼契的作品。

10. 下列有关文学常识的表述,不正确的一项是 （ ）

    A. 词的标题和词牌有严格的区别。标题表明了词所涉及的内容,词牌是与韵相配合的乐调,二者分别表示词的内容和形式。

    B. 《文心雕龙》是中国古代文学理论专著,南朝刘勰撰,《神思》是其中的一篇。

    C. 戏剧是一种综合性的舞台艺术,它借助音乐、文学、舞蹈、美术手段塑造舞台艺术形象,揭示社会矛盾,反映现实生活。剧本是戏剧的底本。

    D. 雨果是法国19世纪现实主义文学活动的领袖人物和代表作家,代表作有《巴黎圣母院》、《悲惨世界》等。

11. 下列对中国古代文化知识表述错误的一项是 （ ）

    A. 最初,姓是母系氏族或部落的标志,氏是由某一个姓分化出来的新的分支。

    B. 汉代"荀卿"改称为当时与之同音的"孙卿",是为了避讳。

    C. 古代用一些表示月相的特称来纪日,如:将每月的初一称"朔"。

    D. 古人在写给长辈的信函末尾,一般会加上"顺祝安好"等礼貌用语。

12. 下列作品、朝代、作家对应完全正确的一项是 （ ）

    A.《汉宫秋》—元代—王实甫

    B.《桃花扇》—明代—李开先

    C.《狱中上母书》—明代—夏完淳

    D.《镜花缘》—清代—李宝嘉

13. 下列关于当代文学的表述,正确的一项是 （ ）

    A. 铁凝以《烦恼人生》、《太阳出世》等作品成为"新写实小说"的代表作家。

    B. 贾平凹的《白鹿原》被文学评论界公认为具有史诗般风格的作品。

    C. 顾城为新生代代表诗人,代表作有《土地》、《面朝大海,春暖花开》等。

    D. 高行健是新时期十年的话剧作家之一,代表作有《车站》、《彼岸》等。

14. 下列关于曲律知识的表述，不正确的一项是 （ ）

    A. 曲和词都是配合音乐的长短句。

    B. 唐人所谓曲，是后代所谓词；元人所谓词，又是后代所谓曲。

    C. 曲有南曲与北曲的分别。

    D. 北曲有散曲和小令的分别。

15. 骈体文在语句方面的特点即骈偶。"故情者文之经，理者词之纬"属于哪一种句法结构的对称 （ ）

    A. 主谓结构对主谓结构   B. 动宾结构对动宾结构

    C. 偏正结构对偏重结构   D. 复句对复句

语文知识十

选择题（在列出的四个选项中只有一项是符合题目要求的，请把正确答案的字母符号填在题后括号内）

1. 下列词语中加点的字，每对读音都**不同**的一组是 （ ）

    A. 心扉/蜚短流长   调停/调兵遣将   应届/应接不暇

    B. 辟邪/开天辟地   泄露/暴露无遗   着装/不着边际

    C. 谙熟/黯然失色   缜密/半嗔半笑   拓本/落拓不羁

    D. 渲染/煊赫一时   罢黜/相形见绌   辑录/缉拿归案

2. 下列句子**没有**语病的一项是 （ ）

    A. 全国第一个节假日实施免小客车通行费后，不少高速公路都出现了严重的堵车现象。

    B. 造成"中国式过马路"这一现象的主要原因是人们缺少守法、安全和文明意识。

    C. 近年来，随着教育教学改革的不断深化，高校学生的培养深受广大用人单位的欢迎。

    D. 在刚性需求几乎消耗殆尽等因素影响下，高房价如何调整备受关注。

3. 秦观词句"金风玉露一相逢，便胜却人间无数"中的"金风"是指 （ ）

    A. 春天的风   B. 夏天的风   C. 秋天的风   D. 冬天的风

4. 被誉为"孤篇横绝"、"诗中的诗，顶峰上的顶峰"的唐代诗歌是 （ ）

    A. 张若虚的《春江花月夜》   B. 李白的《蜀道难》

C. 高适的《燕歌行》 D. 白居易的《琵琶行》

5. 下列表述**错误**的一项是 （ ）

   A.《西厢记》描写了崔莺莺与张生的爱情故事。

   B.《牡丹亭》描写了杜丽娘与柳梦梅的爱情故事。

   C.《桃花扇》描写了吴三桂与陈圆圆的爱情故事。

   D.《长恨歌》描写了唐玄宗与杨贵妃的爱情故事。

6. 下列诗词名句与作者顺序对应正确的一项是 （ ）

   (1) 春风得意马蹄疾,一日看尽长安花。

   (2) 人生到处知何似,应似飞鸿踏雪泥。

   (3) 疏影横斜水清浅,暗香浮动月黄昏。

   (4) 寄意寒星荃不察,我以我血荐轩辕。

   A. 贾岛 苏轼 秦观 龚自珍   B. 孟郊 黄庭坚 秦观 鲁迅

   C. 贾岛 黄庭坚 林逋 龚自珍   D. 孟郊 苏轼 林逋 鲁迅

7. 下列表述正确的一项是 （ ）

   A. 鲁迅是中国现代文学史上以白话创作诗歌的第一人。

   B. 茅盾大力提倡"为人生的文学",其作品大多密切关注现实生活。

   C. 郭沫若是"新月社"的主要成员,其作品往往充满了浪漫主义色彩。

   D. 冰心开创了现代文学史上抒情小说的新体式。

8. 中国古代有自己的纪日法。《登泰山记》"戊申晦,五鼓,与子颖坐日观亭"一句中"戊申晦"属于下列哪一种纪日法? （ ）

   A. 干支纪日法   B. 序数纪日法

   C. 月相纪日法   D. 干支月相兼用法

9. 关于古书注解,下列**不正确**的说法是 （ ）

   A. 注解古书的工作始于汉代。

   B. 唐代出现了"注疏"或"正义",不仅解释古书正文,而且给前人的注解做注解。

   C. 司马贞和张守节对《史记》的注解,较多集中在官制的考核上。

   D. 有的古书注解增补了许多历代难得的史料,如裴松之注《三国志》。

10. 下列有关文学常识的表述,**错误**的一项是 （ ）

   A. 苏轼以诗为词,拓宽了题材,提高了意境,一扫以前文人词的柔弱气息,开创了豪放一派。辛弃疾以文为词,在诗中抒发了慷慨悲壮的爱国热情,把词的豪放意境推向高峰。

   B. 从我国古代诗歌优秀传统的继承和发展来看,《诗经》、汉乐府民歌、建安文学、杜甫、白居易、陆游等是一脉相承的。

C. "子房鞋,买臣柴,屠沽乞食为僚宰,版筑躬耕有将才。古人尚自把天时待,只不如酪子里胡揣",从其文句特色来看,应当属于词。

D. 骈文,是盛行于南北朝时期的一种文体形式。其特点是要求词句整齐对偶,重视声韵和谐和辞藻华丽。《与朱元思书》就属于这种文体。

11. 下列有关文学常识的表述,**错误**的一项是 （   ）

A. 词调等于乐谱,一般与题意无关,如苏轼的《念奴娇》、岳飞的《满江红》、辛弃疾的《永遇乐》都是词调,与题意没有联系。

B. 从词牌分类来看,《如梦令》、《西江月》、《忆江南》、《沁园春》、《凉州词》、《菩萨蛮》都属于小令。

C. 冯梦龙编订的"三言",保存了不少宋元话本,也有不少明人的"拟话本",即文人模拟"话本"的故事形式所编写的作品。

D. "二十四史"是指从《史记》到《明史》的二十四部历史。

12. 下列有关文学常识的表述,**不正确**的一项是 （   ）

A. 茅盾的《子夜》和巴金创作于抗战时期的代表作《家》都是现代文学的重要作品,《子夜》中的吴荪甫是一个民族资本家,《家》中的觉新是一个积极投身革命的青年。

B. 写科举时代读书人生活和思想感情的《儒林外史》是一部讽刺小说,它辛辣地讽刺了科举制度的腐败和一些读书人争夺功名的丑态,范进就是一个典型。

C. 西班牙塞万提斯的《堂·吉诃德》的主人公是一个脱离实际、耽于幻想的人物,俄国果戈里的《死魂灵》中的泼留希金是一个吝啬鬼。

D. 列宁称"托尔斯泰是俄国革命的镜子",又称高尔基是"无产阶级艺术的最杰出的代表"。

13. 下列有关文学常识的表述,正确的一项是 （   ）

A. 郭沫若是中国现代杰出的作家,他创作的诗歌《女神》、《天上的街市》、《屈原》等具有极高的思想价值和艺术价值。

B. 《子夜》被誉为"中国第一部写实主义的成功的长篇小说",主要人物吴荪甫是中国民族资本家的典型形象。

C. 茅盾是"五四"新文化运动的先驱者之一,《四世同堂》、《林家铺子》、《农村三部曲》等均是他的著作。

D. 《原野》是现代作家万家宝即沈从文的著名剧作之一。

14. 下列作品、作家、时代(国别)及体裁对应正确的一项是 （   ）

A.《秋浦歌》—杜牧—唐代—诗歌

B.《北京人》—曹禺—现代—话剧

C. 《哈姆雷特》—莎士比亚—英国—小说

D. 《叶甫盖尼·奥涅金》—歌德—德国—诗体小说

15. 下列文学流派不属于当代的一项是 （ ）

A. 鸳鸯蝴蝶派 B. 新写实主义

C. 寻根文学 D. 伤痕文学

语文知识十一

选择题(在列出的四个选项中只有一项是符合题目要求的,请把正确答案的字母符号填在题后括号内)

1. 下列词语中加点的字,每对读音都**不**相同的一组是 （ ）

A. 省亲/省吃俭用 绰约/绰绰有余 阻塞/敷衍塞责

B. 熨平/心情熨帖 估量/量体裁衣 脉络/一脉相承

C. 慰藉/声名狼藉 揣度/置之度外 记载/载歌载舞

D. 楷模/模棱两可 的确/众矢之的 攒钱/人头攒动

2. 在下面一段文字横线处依次填入的成语,最恰当的一组是 （ ）

   实现民族复兴的"中国梦"不是_____,而是一次伟大的实践。但圆梦之途绝不轻松,既需要_____、尽力而为,也需要克勤克俭、辛勤劳动。每一代中国人都要为"中国梦"的实现而_____,努力奋斗。

A. 空中楼阁 循序渐进 呕心沥血

B. 海市蜃楼 循序渐进 鞠躬尽瘁

C. 海市蜃楼 步步为营 鞠躬尽瘁

D. 空中楼阁 步步为营 呕心沥血

3. 下列名句出自《老子》一书的是 （ ）

A. 工欲善其事,必先利其器 B. 凡事预则立,不预则废

C. 合抱之木,生于毫末 D. 不积跬步,无以至千里

4. 下列各句诗中,描写重阳节景象的是 （ ）

A. 总把新桃换旧符 B. 长安水边多丽人

C. 遍插茱萸少一人 D. 最是橙黄橘绿时

5. 下列宋词名句与作者顺序相匹配的一组是 （ ）

(1) 昨夜西风凋碧树,独上高楼,望尽天涯路。

（2）衣带渐宽终不悔，为伊消得人憔悴。

（3）众里寻他千百度，蓦然回首，那人却在、灯火阑珊处。

    A. 欧阳修   柳 永   辛弃疾

    B. 欧阳修   秦 观   李清照

    C. 晏 殊   秦 观   李清照

    D. 晏 殊   柳 永   辛弃疾

6. 下列元人杂剧中，作者为关汉卿的是   （ ）

    A.《救风尘》   B.《梧桐雨》

    C.《西厢记》   D.《汉宫秋》

7. 下列《水浒传》人物中属于"一百零八将"的是   （ ）

    A. 托塔天王晁盖   B. 没遮拦穆弘

    C. 白衣秀士王伦   D. 蒋门神蒋忠

8. 下列关于语词工具书的表述，不正确的一项是   （ ）

    A. 东汉许慎所编的《说文解字》，是我国第一部系统分析汉字形体、探讨字源的字典。

    B.《康熙字典》是我国迄今为止规模最大的字书，收集了大量常用字、冷僻字和古文字。

    C. 修订后的新版《辞源》是一部专收古代语词和文史条目的古汉语辞书。

    D.《现代汉语词典》是为推广普通话、促进汉语规范化而编写的中型词典。

9. 下列对于封建社会皇帝称呼的解说，不正确的一项是   （ ）

    A. 秦始皇这一称呼中的"始"字表示第一个，隐含着要将帝位子子孙孙传下去的意思。

    B. 谥号是古代帝王、贵族、大臣死后，据其生前事迹、品德修养而给予的称号，如汉武帝。

    C. 庙号是封建社会皇帝死去后，在太庙立室奉祀时特起的一种名号，如唐太宗、宋太祖。

    D. 年号是封建王朝用于纪年的专有名号，元、明、清三代常用年号称呼皇帝，如康熙帝。

10. 下列关于鲁迅在中国现代文学史上成就的说法，不正确的一项是   （ ）

    A. 鲁迅创作了中国新文学史上第一篇现代短篇白话小说。

    B. 鲁迅创造了"杂文"这一富有生命力的文体范式。

    C. 鲁迅的《呐喊》《彷徨》达到了中国现代短篇小说的艺术高峰。

    D. 鲁迅的《热风》开了中国现代散文诗创作的先河。

11. 下列属于《四世同堂》人物形象的是 （ ）

    A. 王利发   B. 祁瑞宣   C. 常四爷   D. 沙子龙

12. 下列关于当代作家、作品的说明,正确的一项是 （ ）

    A.《妻妾成群》是王朔的小说,曾被改编为电影《大红灯笼高高挂》。

    B. 马原的《冈底斯的诱惑》《海边也是一个世界》是他先锋小说的代表作。

    C. 韩少功的《马桥词典》《归去来》表现出强烈的"寻根"意识。

    D. 张承志的小说代表作有《北方的河》《涂自强的个人悲伤》等。

13. 毕飞宇获茅盾文学奖的作品是 （ ）

    A.《黄雀记》   B.《推拿》   C.《玉米》   D.《青衣》

14. 下列作品、作家、国别对应正确的一组是 （ ）

    A.《约翰·克里斯朵夫》——罗曼·罗兰——法国

    B.《浮士德》——歌德——英国

    C.《鲁宾逊漂流记》——笛福——美国

    D.《复活》——契诃夫——俄国

15. 下列作家不属于浪漫主义流派的是 （ ）

    A. 乔治·桑   B. 大仲马   C. 雨果   D. 司汤达

语文知识十二

选择题(在列出的四个选项中只有一项是符合题目要求的,请把正确答案的字母符号填在题后括号内)

1. 下列词语中没有错别字的一组是 （ ）

    A. 言简意赅   暮霭   一愁莫展   慰藉

    B. 良莠不齐   休憩   出类拔萃   渎职

    C. 舐犊情深   皲褶   既往不纠   厄运

    D. 融汇贯通   狙击   墨守成规   泻气

2. 在下面一段文字横线处依次填入的成语,最恰当的一项是 （ ）

      在"互联网＋"时代,汉语词汇变化之快,使词典的修订改版_____,这反映出一个社会的_____。

    A. 望尘莫及   欣欣向荣   B. 应接不暇   纷繁芜杂

    C. 力不能支   日新月异   D. 措手不及   瞬息万变

3. 下列古籍中,保存古代神话传说最多的是 （ ）

    A.《淮南子》   B.《庄子》   C.《山海经》   D.《楚辞》

4. 下列名句出自《孟子》一书的是 （ ）

    A. 见贤思齐,见不贤而内自省   B. 穷则独善其身,达则兼济天下

    C. 千里之堤,溃于蚁穴   D. 君子之交淡若水,小人之交甘若醴

5. 被鲁迅誉为"史家之绝唱,无韵之离骚"的史学名著是 （ ）

    A.《史记》   B.《汉书》   C.《后汉书》   D.《三国志》

6. 下列唐诗名句与作者顺序相匹配的一组是 （ ）

    (1) 莫愁前路无知己,天下谁人不识君。

    (2) 漠漠水田飞白鹭,阴阴夏木啭黄鹂。

    (3) 此曲只应天上有,人间能得几回闻?

    (4) 衰兰送客咸阳道,天若有情天亦老。

    A. 王维   高适   李贺   杜甫

    B. 王维   李贺   杜甫   高适

    C. 高适   王维   杜甫   李贺

    D. 高适   李贺   王维   杜甫

7. 下列作品中,属于晚清谴责小说的是 （ ）

    A.《儿女英雄传》   B.《歧路灯》   C.《儒林外史》   D.《孽海花》

8. 近代提出"诗界革命"和"小说界革命"的是 （ ）

    A. 龚自珍   B. 黄遵宪   C. 康有为   D. 梁启超

9. 下列不属于端午节传统习俗的一项是 （ ）

    A. 挂香包   B. 插艾蒿   C. 登高   D. 喝雄黄酒

10. 2015 年是农历乙未年,也是中国抗日战争胜利暨世界反法西斯战争胜利 70 周年。那么,战争胜利当年应是农历 （ ）

    A. 乙申年   B. 乙酉年   C. 丙申年   D. 丙酉年

11. 中国古代最大的一部百科全书式的类书是 （ ）

    A.《永乐大典》   B.《四库全书》

    C.《册府元龟》   D.《古今图书集成》

12. 下列关于现代作家、作品的说明,正确的一项是 （ ）

    A. 茅盾的《林家铺子》塑造了民族资本家吴荪甫的形象。

    B. 老舍的《北京人》具有十分鲜明的北京地域文化特征。

C. 丁玲的《莎菲女士的日记》开创了现代自叙传小说的新体式。

D. 艾青的《大堰河——我的褓姆》是一首赞美劳动妇女的诗歌。

13. 小说《生死场》和《呼兰河传》的作者是 （　　）

A. 萧军　　　　　B. 萧红　　　　　C. 端木蕻良　　　D. 张爱玲

14. 下列关于当代作家、作品的说明,正确的一项是 （　　）

A. 池莉的《来来往往》被誉为"先锋小说"的开山之作。

B. 陈忠实的《白鹿原》呈现出魔幻现实主义的风格。

C. 汪曾祺的《受戒》具有散文化和诗化的特征。

D. 余华的《活着》是"新写实小说"的代表作品。

15. 下列作品、作家、国别对应正确的一组是 （　　）

A.《高老头》——巴尔扎克——法国

B.《阴谋与爱情》——歌德——德国

C.《玩偶之家》——易卜生——丹麦

D.《红字》——霍桑——英国

语文知识十三

选择题(在列出的四个选项中只有一项是符合题目要求的,请把正确答案的字母符号填在题后括号内)

1. 下列加点的字词释义正确的一组是 （　　）

A. 浅尝辄止(立即)　　日薄西山(迫近)　　责无旁贷(替代)

B. 本末倒置(树根)　　并行不悖(反对)　　众望所归(趋向)

C. 安之若素(平常)　　文过饰非(掩饰)　　萍水相逢(浮萍)

D. 功败垂成(落下)　　花团锦簇(聚集)　　后来居上(处在)

2. 在下面一段文字横线处依次填入的词语,最恰当的一项是 （　　）

大力_____创新文化,_____创新沃土,_____敢为人先、宽容失败的良好氛围,调动全社会创业创新积极性,_____成推动发展的磅礴力量。

A. 弘扬　培植　营建　汇聚　　　　B. 弘扬　厚植　营造　汇聚

C. 发扬　培植　营造　汇合　　　　D. 发扬　厚植　营建　汇合

3. 下列宋词名句与作者顺序相匹配的一项是 （　　）

(1) 对潇潇暮雨洒江天,一番洗清秋。

（2）碧云天,黄叶地,秋色连波,波上寒烟翠。

（3）春去也,飞红万点愁如海。

（4）细看来,不是杨花,点点是离人泪。

A. 晏殊　周邦彦　欧阳修　李清照　　　B. 柳永　范仲淹　秦观　苏轼

C. 柳永　范仲淹　欧阳修　李清照　　　D. 晏殊　周邦彦　秦观　苏轼

4. 下列关于元代杂剧的说明,**不**正确的一项是　　　　　　　　　　（　　）

A. 王实甫《西厢记》提出了"愿普天下有情的都成了眷属"。

B. 白朴《梧桐雨》描写了杨玉环和李隆基凄美的爱情故事。

C. 马致远《汉宫秋》对汉元帝这一形象寄予了深深的同情。

D. 关汉卿《救风尘》中周舍搭救了落难的风尘女子赵盼儿。

5.《红楼梦》中主持大观园管理"改革"的人物有　　　　　　　　　　（　　）

A. 李纨　　迎春　　王熙凤　　　　　　B. 王熙凤　　探春　　宝钗

C. 李纨　　探春　　宝钗　　　　　　　D. 王熙凤　　迎春　　宝钗

6. 下列关于清代文学的说明,正确的一项是　　　　　　　　　　　　（　　）

A. 散文流派"桐城派"中的代表作家有归有光、方苞、姚鼐等。

B. 孔尚任《桃花扇》描写了侯方域与柳如是的爱情故事。

C. 黄遵宪是"诗界革命"的代表人物,诗作收入《饮冰室诗集》。

D. 曾朴《孽海花》采取了联缀多数短篇成长篇的结构方式。

7. 我国传统文化中常用吉祥物表达寓意,下列说明**不**符合传统寓意的一项是

（　　）

A. 花瓶、鹌鹑象征平平安安　　　　　B. 白鹤、麒麟表示长命百岁

C. 石榴、葡萄象征多子多孙　　　　　D. 蝙蝠加铜钱表示福在眼前

8. 下列句子中代称的解释**错误**的一项是　　　　　　　　　　　　（　　）

A. "人逾耳顺,视听不衰。""耳顺"指代 50 岁。

B. "一欣侍温颜,再喜见友于。""友于"指代兄弟。

C. "无丝竹之乱耳,无案牍之劳形。""丝竹"指代音乐。

D. "何以解忧,惟有杜康。""杜康"指代酒

9. 下列关于科举考试的说明,正确的一项是　　　　　　　　　　　　（　　）

A. 我国的科举考试开始于唐代贞观年间。

B. 科举考试的内容始终是"四书""五经"。

C. 明代科举考试分为乡试、院试、殿试三级。

D. 明清两代以时文取士,"时文"即"八股文"。

10. 某电器公司行文,请某职业技术学院培训技术人员,使用的文种应该是 （　　）

　　A. 请示　　　　　　B. 函　　　　　　C. 申请　　　　　　D. 报告

11. 下列关于现代作家、作品的说明,正确的一项是 （　　）

　　A. 鲁迅《在酒楼上》塑造了被欺凌的农民形象。

　　B. 冰心是现代文学史上最早创作童话的作家。

　　C. 曹禺的主要作品有《雷雨》《日出》《北京人》等。

　　D. 赵树理是"山药蛋派"创始人,代表作是《大淖纪事》。

12. 2016 年是茅盾诞辰 120 周年。下列关于茅盾文学成就的说明**错误**的一项是

（　　）

　　A. 茅盾是"五四"新文学运动的领导者之一。

　　B. 茅盾与郑振铎等一起成立了"文学研究会"。

　　C. 茅盾的"农村三部曲"反映了农村的凋敝及农民的反抗。

　　D. 茅盾的《子夜》是中国现代文学史上长篇小说的里程碑。

13. 下列关于当代作家、作品的说明,正确的一项是 （　　）

　　A. 铁凝《玫瑰门》具有鲜明的"魔幻现实主义"倾向。

　　B. 迟子建《群山之巅》展示了西北乡村的地域风情。

　　C. 王安忆《长恨歌》描写了小人物王琦瑶的坎坷命运。

　　D. 林白《私人生活》讲述了现代都市女性的心路历程。

14. 下列作品**不属于**苏童的一项是 （　　）

　　A.《米》　　　　　　　　　　　　　B.《碧奴》

　　C.《我的帝王生涯》　　　　　　　　D.《耶路撒冷》

15. 恩格斯称之为"中世纪的最后一位诗人,同时又是新时代的最初一位诗人"的是

（　　）

　　A. 莎士比亚　　　B. 但丁　　　　　C. 裴多菲　　　　D. 薄伽丘

二、现代语文阅读理解专项练习

现代语文阅读理解一

阅读下面的文字,完成1—5题。

读无字书
郭启宏

书能无字吗?依正向思维,无字便不成书;若从反向思维,确有无字书在。周恩来曾撰联:"与有肝胆人共事,从无字句处读书。"可见,无字书一词并非笔者无端臆造。

历史上有关读书的故事很多,每有令人扼腕长叹者。据载梁元帝是个耽书的人,兵临城下还在龙光殿讲《老子》经义,灭国前悔恨不已,焚尽所藏图书,哀叹为书所误。当时人和后世人都觉得荒唐。唯有王夫之见地独特:"帝之自取灭亡,非读书之故,而抑未尝非读书之故也。"(《船山遗书·读通鉴论》)他认为梁元帝没有从书中得到有关"身心"、"伦物"、"政教"等等切实有用的教益,耽书便成了"玩物丧志",与耽酒、耽色并无两样,所以也可以说因书致亡。他沉痛地指出其症结所在:"无高明之量以持其入体,无斟酌之权以审于独知,则读书万卷,止以导迷,顾不如不学无术者之尚全其朴也。"王夫之在这里提出的实际上是一个善读的问题。

如何善读?王夫之做了回答:"辨其大义,以立修己治人之体也,察其微言,以善精义入神之用也。"然而,"大义""微言"往往不在字面上,须从字句外去解读。我以为这便是读无字书的一种模式。

自古以来,或因时代的桎梏、思想的禁锢,或因有意的藏锋、无助的回避,甚或仅仅出于行文上的考虑,书中便有了缝隙处、断裂处、空白处、语焉不详处。这就要求读书人必须调动自身的观念与体验、学问与识见,去连缀缝隙,弥合断裂,填充空白,推想其详,进而探询其所以如此的隐因,思考,综合,方能读出"大义""微言"来。这般读书,可称善读。

读无字书还有另一种模式,即周恩来联语所云,"从无字句处读书"。

书是知识的载体,但知识并不仅仅存在于书中,真理往往更在字句之外。毛泽东强调实践出真知,诚是至理。周恩来的联语与之暗合。这一点似乎古人早就发现了。张潮说过:"善读书者,无之而非书。山水亦书也,棋酒亦书也,花月亦书也。"(《幽梦影》)自然，张潮妙舌如环，说的是慧业文人的话。事实上，生活中任何一个领域都有书在，官场是一本书，商海是一本书，文坛艺苑也是一本书。最叹为观止的，一个人便是一本书！在恒河沙数般的"人书"中，有的书好懂，有的书难猜，有的书清奇，有的书恶俗，有的书引人入胜，让人爱不释手；有的书云山雾罩，不知伊于胡底。而真知总在这些书中，或微或著，或隐或现，<u>待读书人去探求</u>。

我想起武则天的"无字碑"来。古往今来蠡测纷纭，无非围绕一个"功"字立论。一说功大得写不下，二说无功可写，三说不知该如何写，四说留待后人去写。我以为第二种似可排除，武则天分明有功，这是事实，她自己也断不会如此"谦谦君子风"！第三种低估了武则天和上官婉儿们的文学才能，又把武氏想象得太迂，难道她迷惘于功首罪魁"对半天"？如斯大林式过和功"三七开"？或不如斯大林式的"二八开"？抑或"九个指头与一个指头"的"主流支流"定性说？第四种似觉有理，却令人疑惑是现代人将高境界作慷慨赠与。看来第一种仿佛差近，但也难定论，说不准哪天出土文物揭开了秘密，那无字碑仅仅由于时间促迫不及镌刻！

哎呀，读懂一块无字碑已非易事，<u>读懂天下无字书不是更难吗</u>？除非不读。

1. 关于"无字书"与下列表述不符合文章意涵的一项是 （　　）

   A. "无字书"如同无字碑，特指没有文字载体的书
   B. 字句以外的思想、意味、感悟，是无字书的一种
   C. 山水亦书也，花月亦书也，大自然就是一本无字书
   D. 棋酒亦书也，生活也是一本无字书

2. 作者感叹读懂无字书比读懂无字碑更难，这是因为（限选一项） （　　）

   A. 无字书没有具体的文字信息
   B. 功夫在诗外，读懂无字书需要读书人探求
   C. 无字书往往是微言大义
   D. 无字书缺少阅读的美感

3. 文章认为，善读书是读无字书的一种模式，下列哪一项意涵与文章主旨不契合

   （　　）

   A. 在实践中探求真理
   B. 不泥于篇章，从无字处读书
   C. 文本阅读不可替代，过于强调"无字书"是阅读虚无主义
   D. 读书与修身密切联系，与有肝胆人共事，即善读书

4. 作者主张读无字书的真正用意与下列哪一项意涵相契合 （　　）

   A. 像梁元帝那样读书会误国
   B. 纸上得来终觉浅，文本阅读无法获得真经
   C. 读书要不拘形式，博览群书

D. 阅读本身不是目的,调动自身的经验与体验,获取真知灼见才是真义

5. 文章认为读"无字书"是善读书的一种,下列哪一项意涵不支持这项判断 (　　)

A. "从无字句处读书"

B. "帝之自取灭亡,非读书之故,而抑未尝非读书之故也"

C. "善读书者,无之而非书"

D. "察其微言,以善精义入神之用也"

现代语文阅读理解二

阅读下面的文字,完成1—5题。

文化遗产问题
张中行

……前面介绍文言部分曾说,我国的文化遗产,绝大部分是用文言记录下来的,文言有功,有许多优点值得保留,享用。可是继承,享用,先要学会它。不管《资治通鉴》、《全唐诗》价值多高,你不会文言,就只好望书兴叹。可是,如上一节所说,学的人和会的人越来越少,这就出现无法调和的冲突,葡萄好吃,可是架太高,够不着。已经有不少人设想,应该培养少数专业(比如称为古典专业)人员,由他们负责,用翻译、介绍的办法,把应该继承、享用的传递给不会文言的大众。这可以慰情聊胜无,但困难不少。首先是培养哪些人。这像是容易决定,培养适于学古典的。可是,怎么能知道哪些青少年适于学古典呢? 这就不能不先考虑自愿的原则,可是这样一来,就不得不让更多的人先尝尝古典,也就是学文言。这在现在是正在实行(学生的语文课里有文言),将来行得通吗? 其次,把责任交给少数学古典的,传递,自然就遇到传递什么和怎样传递的问题。比如说,《资治通鉴》值得传递,还勉强能够传递(也难免隔靴搔痒),《全唐诗》就太难了。继承、享用,将来占主要地位的恐怕是文学作品的欣赏,而这偏偏像看电影一样,只看情节说明不成,要亲眼看银幕。其三是遗产种多量大,传递,不是少数人所能胜任。考虑到这些情况,在不很久的将来,妥善的办法恐怕仍是脚踩两只船,一只船是让有条件学并喜欢学的人有学会的机会,一只船是培养不太少的专业人员,整理介绍。两只船,由理想方面说,最好是以自学为主力,专业为辅助;如果事实上做不到,那就只好倒过来,以专业为主力,以自学为辅助。这都是说不很久的将来;至于很久的将来,那会牵涉到汉字存废的问题,古典文献重要性变化的问题,只能由那时候的人去考虑去处理了。

现代语从文言里吸收营养是个非常复杂的问题。过去这样做过,而且量相当大,如

成语是显而易见的,"作者"、"作风"之类不显而易见,其实也是。还有不少先例。就文体说,最突出的是戏曲的曲词,几乎把文言的所有花样都拿来应用了。就人说,举一位近的,如鲁迅,如果他不熟悉古典,杂文就不会写成这种韵味。这不是说他就写不好,而是说不是这种韵味,这韵味,有一部分是从古典来的。不过鲁迅的文笔也给我们一种启示。是学通了才能够吸收,或者说得更确切些,是必须兼通今古,才能把文言的优点"化"入现代语;不然,如现在报刊上有时会出现的擦脂抹粉的文章,从文言里搜寻一些熟套硬往现代语里塞,成为非驴非马,那就想求好而适得其反了。通,先要学。可是现在的趋势是学的人越来越少,将来是一般人与文言成为路人,认识尚且谈不到,更不用说取其所长了。因此,至少我这样看,今后的现代语,想再从文言那里吸收什么营养,是几乎不可能了。

比文言年轻得多的是唐宋以来的白话,其中有不少,如《水浒传》《红楼梦》等等,我们还在看,能不能从那里学点什么?很难说,因为这不像科技,引进新的,看得见,摸得着,立竿见影。据我所知,近年来有些写小说的人曾从那里寻得一些乖巧,有少数甚至心摹手追。可是写小说的终归是少数,比如写论文,写记事文,写抒情文,也能从其中吸取点什么吗?理论上当然可以,或说应该,因为那时期的白话,至少有一点是值得我们学习或深思的,就是追随口语,求通俗流畅。我们现在的不少文章不是这样,能够对比,想想,也许会有些好处。

1. 文章对文化遗产的关注焦点与下列哪一项相契合?　　　　　　　(　　)

   A. 文化遗产传承的主体
   B. 文化遗产传承的方式
   C. 文化遗产传承的效果
   C. 文化遗产在现代社会的地位

2. 文章认为,由文言传递到现代语文难免隔靴搔痒,这是因为下列哪个因素?

   　　　　　　　　　　　　　　　　　　　　　　　　　　　　(　　)

   A. 由文言而现代语文不易完全传达其神韵
   B. 传递者距离文言作品的时代隔阂
   C. 文言作品的现代阐释不能完全被接受
   D. 文言作品有不完全可传递性

3. 文章中关于文言与现代语文之间的关系,与下列哪一项契合?　　(　　)

   A. 文言文远离时代,不如现代文那样容易被接受
   B. 现代语文很难从文言里吸收营养
   C. 文言文学通了,能够化文言为现代语文
   D. 文言文与现代语文是不同历史阶段的产物

4. 文章中对青少年学习文言文的看法与下列哪一项表达相契合?　(　　)

   A. 文言文学习最好采取自愿的做法

B. 应该让更多人学习文言文

C. 网络时代文言文学习更容易,语文课本不必再安排

D. 青少年学习文言文是一种文化复古

5. 作者就文化遗产及其如何继承的问题表示了自己的忧虑,对此分析有误的两项是 （　　）

A. 作者考虑到文言文的难于学习,难于学会学通,担心现代文不能从文言文里吸取营养

B. 作者注意到现代人将难于从文言文里吸取营养,担心现代文写不好,写不通,写不出韵味

C. 作者分析了培养少数专业人才用翻译介绍的办法继承传统的设想,担心这些少数专业人才难以选拔,难以胜任繁重的工作,也担心翻译介绍的办法未必能使人们传神地领会传统文化

D. 作者担心汉字的存废,担心对古典文献重要性的认识发生变化,但寄希望于将来

E. 作者担心学生从语文课本里学文言的办法不能持久,但赞成更多有条件学习文言的人不要放弃机会

现代语文阅读理解三

阅读下列短文,回答问题。

谷　雨

从词义及其象形看,"谷"首先指山谷。瑞典汉学家林西莉在她的著作《汉字王国》中即讲:"我只要看到这个字,马上就会想到一个人走进黄土高原沟壑里的滋味。"当谷与雨并连以后,它的另一重要含义"庄稼"、"作物"无疑便显现了。

像"家庭"一词的组构向人们示意着只有屋舍与院子的合一,才真正构成一个本原的、未完全脱离土地的、适于安居的"家"。"谷雨"也是一个包含有对自然秩序敬畏、尊重、顺应的富于寓意的词汇,从中人们可以看出一种神示或伟大象征:庄稼天然依赖雨水,庄稼与雨水密不可分。

谷雨是春季的最后一个节气,也是一年中最为宜人的几个节气之一。这个时候,打点行装即将北上的春天已远远看到它的继任者——携着热烈与雷电的夏天走来的身影了。为了夏天的到来,另外一个重要变化也在寂静、悄然地进行,即绿色正从新浅向深郁

过渡。的确,绿色自身是有生命的。这一点也让我想到太阳的光芒,阳光在早晨从橙红到金黄、银白的次第变化,实际即体现了其从童年、少年到成年的自然生命履历。

麦子拔节了,此时它们的高度大约为其整体的三分之一,在土地上呈现出了立体感,就像一个十二三岁的男孩开始显露出了男子天赋的挺拔体态。野兔能够隐身了。土地也像骄傲的父亲一样通过麦子感到了自己在向上延续。作为北方旷野的一道醒目景观的褐色鹊巢,已被树木用叶子悉心掩蔽起来。一只雀鹰正在天空盘旋,几个农民在为小麦浇水、施撒化肥。远处树丛中响起啄木鸟的只可欣赏而无法模仿的急速叩击枯木的声音,相对啄木鸟的鸣叫,我一直觉得它的劳动创造的这节音量由强而弱、频率由快而慢的乐曲更为美妙迷人。

(苇岸:《一九九八 廿四节气》)

1. 请说明"土地也像骄傲的父亲一样通过麦子感到了自己在向上延续"这句话的修辞格、含义及作用。

2. 请指出本文从哪些方面描写"谷雨"这个节气来临之后自然界发生的变化。

3. 本文的中心思想是什么?

4. 阅读画线的句子,请说明从"惊蛰"这个节气你又能看出怎样的"伟大象征"?

现代语文阅读理解四

阅读下列短文,回答问题。

大学人文精神谈(其三)

大学人文学科的职责,我以为可分为两个层面。一个层面是,其科研,直接给当下的社会进步事业以智力支持,直接服务于社会;其教学,培养学生具有切实有用的专业知识、方法和能力,使他们获得服务社会、建设国家和自己谋生的本领。这些,是我们一直在强调的,完全必要的。不过这只是一个层面。

对于大学来说,还有一个更高的层面,是通过学术成果向社会辐射、播散人文精神,通过教学培养学生具有人文精神。这种人文精神,已如上述,如果简括成一句话,就是对于社会人生的真理的坚守和追求。这种人文精神,与自然科学研究中所体现的科学精神相通,都是对真理的追求,只是所取的对象、所用的手段不同;这种人文精神,也包含了科学精神一个重要之点:科学也要考虑对于人的生存和幸福的价值所在,也要关切人的命运和前途。

人文精神,比较集中地体现在一些基础的人文学科中。如学习和研究文艺学,可以提高人的审美志趣和能力,提升人的精神境界;学习和研究了中国历史,才能真正建立深厚的、牢固的爱国主义情感,等等。这些基础性的人文学科,不直接发生实际的社会功效,但是具有强烈的人文精神,因而大学要坚持进行深入的研究。在研究具体的可直接作用社会的实际问题时,也应对其相关的基础理论、人文底蕴有所思考,甚至发掘出人文精神的新因素,而不要完全就事论事。同理,大学的自然科学研究,不能止于"技术",而要探讨"科学"和科学精神("科""技"两面其实是不能完全等同的)。这是大学应当有"学术研光",是大学不同于具体实践部门的地方,是大学需要存在的十分重要的理由。因此,"五四"时期任北京大学图书馆主任、经济学教授的李大钊曾说:只有学术的建树,值得"北大万岁万万岁"的欢呼。哈佛大学的校训说"让真理与你为友"。正因为学术研究是与真理为友的,而真理与天地同寿,所以真正的学者总是对学术抱着虔诚的态度甚至敬畏的心情,孜孜以求,以生命相许,不敢亵渎和冒犯,<u>有时甚至只问是非不问功利</u>。追求真理,现在听起来好像有点迂执,但大学里的学者不能完全没有这种脾气。如果对学术研究有这种真诚和虔敬,以至融入自己生命的热力,那么,不必说不会去剽窃、炒作、"包装"和粗制滥造,而且另外两种流行多年的毛病:满足于"自圆其说"和照搬外说(包括话题)而无意求真,也会被逐渐克服了。

(原文稍有修改)

1. "让真理与你为友"一句属于哪种类型的论据?

2. 请概括文章第二段的段落大意。

3. 作者认为"大学需要存在的十分重要的理由"是什么?

4. 文章最后一句是多重复句,请指出这个多重复句第一层的关系。

5. 画线句中的"是非"和"功利"分别指什么?

现代语文阅读理解五

阅读下列短文,回答问题。

园花寂寞红
季羡林

楼前右边,前临池塘,背靠土山,有几间十分古老的平房,是清代保卫八大园的侍卫之类的人住的地方。整整40年以来,一直住着一对老夫妇:女的是德国人,北大教员;男的是中国人，钢铁学院教授。我在德国时，已经认识了他们，算起来到今天已经将近60年了，我们算是老朋友了。30年前，我们的楼建成，老朋友又成了邻居。有些往来，是必然的。逢年过节，互相拜访，感情是融洽的。我每天到办公室去，总会看到这个个子不高的老人，蹲在门前临湖的小花园里，不是锄草栽花，就是浇水施肥；再就是砍几竿门前屋后的竹子，扎成篱笆。嘴里叼着半支雪茄，笑眯眯的，忙忙碌碌，似乎乐在其中。

他种花很有一些特点。除了一些常见的花以外，他喜欢种外国种的唐菖蒲，还有颜色不同的名贵的月季。最难得的是一种特大的牵牛花，比平常的牵牛要大一倍，宛如小碗口一般。每年春天开花时，颇引起行人的注目。据说，此花来头不小。在北京，只有梅兰芳家里有，齐白石晚年以画牵牛花闻名于世，临摹的就是梅府上的牵牛花。

我是颇喜欢一点儿花的。但我既少空闲，又无水平。买几盆名贵的花，总养不了多久，就呜呼哀哉。因此，为了满足自己的美感享受，我只能像北京人说的那样看"蹭"花，现在有这样神奇的牵牛花，绚丽夺目的月季和唐菖蒲，就摆在眼前，我焉得不"蹭"呢？每天回来，看到老友在侍弄花，我总要停下脚步，聊上几句，看一看花。花美，地方也美，湖光如镜，杨柳依依，说不尽的旖旎风光，人在其中，顿觉尘世烦恼，一扫而光，仿佛遗世而独立了。

但是，世事往往有出人意料者。两个月前，我忽然听说，老友在夜里患了急病，不到几个小时，就离开了人间。我简直不敢相信，然而这又确是事实。我年届耄耋，阅历多矣，自谓已能做到"悲欢离合总无情"了。事实上并不是这样。我有情，有多得超过了需要的情，老友之死，我焉能无动于衷？"当时只道是寻常"这一句浅显而实深刻的词，又萦绕在我心中。

几天来，我每次走过那个小花园，眼前总仿佛看到老友的身影，嘴里叼着半根雪茄，笑眯眯的，蹲在那里，侍弄花草。这当然只是幻象。老友走了，永远永远地走了。我抬头看到那大朵的牵牛花和多姿多彩的月季花，她们失去了自己的主人，朵朵都低眉敛目，一脸寂寞相，好像"溅泪"的样子。她们似乎认出了我，知道我是自己主人的老友，知道我是自己的认真入迷的欣赏者，知道我是自己的知己。她们在微风中摇曳，仿佛向我点头，向我倾诉心中郁积的寂寞。

现在才只是夏末秋初。即使是寂寞吧，牵牛和月季仍然能够开花的。一旦秋风劲吹，落叶满山，牵牛和月季还能开下去吗？再过一些时候，冬天还会降临人间的。到了那时候，牵牛们和月季们只能被压在白皑皑的积雪下面的土里，做着春天的梦，连感到寂寞的机会都不会有了。

明年，春天总会重返大地的。春天总还是春天，她能让万物复苏，让万物再充满了活力。但是，这小花园的月季和牵牛怎样呢？月季大概还能靠自己的力量长出芽来，也许还能开出几朵小花。然而护花的主人已不在人间，谁为她们施肥浇水呢？等待她们的不仅仅是寂寞，而是枯萎和死亡。至于牵牛花，没有主人播种，恐怕连幼芽也长不出来。她们将永远被埋在地中了。

我一想到这里，就不禁悲从中来。眼前包围着月季和牵牛的寂寞，也包围住了我。我不想再看到春天，我不想看到春天来时行将枯萎的月季，我不想看到连幼芽都冒不出来的牵牛。我虔心默祷上苍,不要再让春天降临人间了。如果非降临不行的话,也希望把我楼前池边的这个小花园放过去,让这块小小的地方永远保留夏末秋初的景象,就像现在这样。

(选自《季羡林随笔集:忆往述怀》)

1. 请为"耄耋"一词注音,并解释词义。

2. 指出文章第一段画线部分所使用的表达方式。

3. 指出第六段所使用的修辞手法。

4. 文章的标题是"园花寂寞红",请解释"寂寞"的含义。

5. 请概括本文的主要思想感情。

现代语文阅读理解六

阅读下列短文,完成1—5题。(在列出的四个选项中只有一项是符合题目要求的,请把正确答案的字母标号填在题后括号内)

"流行"散谈(其二)

"流行"在运动的过程中,有时也会回过头来看一看。流行不是天降之物。流行的源头是传统。没有源头,哪来潮头?无"源"无"根"的事物不可能存在。

流行是传统的变异。任何能够称为传统的事物,在时代的演变中都要经受现实的检验。经典传统在与时代的结合中发生变异,变异了的传统以一种新的方式流行开来。从这个意义上说,流行是一种更新了的生命力。

梁谷音断言昆剧不会衰落。她的具体阐述是社会经济发展到了饱和点(富裕阶段),人们会重新产生欣赏高雅古典艺术的欲求,到那时,昆剧的知音又会多起来。梁女士此说自然是有一个"昆剧在改革中前进"的前提的(她有这方面的实际体验)。面对快节奏的现代社会,慢节奏的昆剧倘若固守成规,不越雷池半步,那么这一有着"戏祖"之称的剧种成为"昨天的艺术"、"博物馆艺术"就完全可能。新版《牡丹亭》的实验,就是在尊重昆剧本体艺术特征和表现规范的前提下,对剧本进行了大刀阔斧的缩编精编,同时用现代意识、现代视点对艺术营造、剧场化处理进行了大胆的创新设计,从而实现了古典与现实的对应,这种对应,正是一种时代"契合点",是视听艺术"争夺眼球"的不可或缺的因素。越剧的探索也具典型意义,新版《红楼梦》的一剧一公司,大制作、大投入、大场面的运作方式,交响伴奏伴唱等的艺术改革,使这个近年来不大景气的剧种、剧目在世纪之交形成一股"冲击波"。"新红楼"现象证实了老剧种老剧目在找到了新时代结合点之后的新流行。这种更新了的生命力,为一切传统经典提供了有益的启示。

流行是"哈根达斯"、"麦当劳"?流行是"香山瘦身"、"定向运动"?流行是"诺基亚"、"赛柏空间"?⋯⋯是,也不是。流行是一种文化承传,是一种生命形态,是一种打上了时代印记的智慧竞赛。

流行意味着"前卫"吗?流行可以是前卫的,可以不是。前卫文化中有不少东西也与怀旧结缘,可见前卫的"根"还是在传统。流行也好,前卫也好,其精华部分经过时间的积淀和受众的检验,自身也可能成为传统。这样的传统,在一定意义上倒可以说普及之后的提高了。

1. 根据文章的阐述,下列关于"传统"的阐述正确的一项是　　　　　　(　　)

A. 新生事物的力量是无穷的,传统必将被流行所代替

B. 传统可以发生变异,并以一种新的方式流行开来

C. 传统是经过现实检验的,因而也必将是永远流行的

D. 传统不可能成为"前卫"

2. 下列哪一项不能作为梁谷音断言"昆剧不会衰落"的依据?　　　　(　　)

A. 社会经济发展到了饱和点(富裕阶段),昆剧的知音又会多起来

B. 新版《牡丹亭》的实验实现了古典与现实的对应,起到了"争夺眼球"的效果

C. 社会经济发展到了饱和点(富裕阶段),人们有更多的时间欣赏昆剧

D. 昆剧自身也在随着时代的发展变化与时俱进,实现了与时代的结合

3. 实现老剧种、老剧目在新时代的新流行,就必须　　　　(　　)

A. 改变老剧种的艺术表现规范

B. 有大制作、大投入

C. 尊重老剧本的旨意

D. 有现代意识和现代视点

4. 作者所说的"新红楼现象",其含义是　　　　(　　)

A. 对传统艺术进行创新和改革,以适应时代的发展

B. 用流行艺术代替传统艺术

C. 捍卫传统艺术的价值,抵御大众流行文化的冲击

D. 传统艺术的消亡是历史的必然

5. 文章最后一句"这样的传统"中的"这样"是指　　　　(　　)

A. 流行或前卫中的精华以对立的方式否定传统

B. 流行或前卫中的精华向传统的回归

C. 流行或前卫中的精华,经受检验而得到提升

D. 传统中的精华对流行或前卫的适应

现代语文阅读理解七

阅读下列短文,完成1—5题。(在列出的四个选项中只有一项是符合题目要求的,请把正确答案的字母标号填在题后括号内)

自言自语(其六)
史铁生

自然之神以其无限的奥秘生养了我们,又以其无限的奥秘迷惑甚至威胁我们,使我们不敢怠慢、不敢轻狂,对着命运的无常既敬且畏。我们企望自然之母永远慈祥的爱护,但严厉的自然之父却要我们去浪迹天涯自立为家。我们不得不开始了从刀耕火种到航天飞机的创造历程。日日月月年年,这历程并无止境,当我们千辛万苦而又怀疑其意义何在之时,我们茫然若失就一直没能建成一个家。太阳之光轰鸣着落在地平线上,太阴之光又多情地令人难眠,我们想起:家呢? 便起身把这份辛苦、这份忧思、这份热情而执着的盼望,用斧凿在石上,用笔画在墙上,用文字写在纸上,向自然之神倾诉,为了吁请神的关注,我们又奏起了最哀壮的音乐,并以最夸张的姿势展现我们的身躯成为舞蹈。悲烈之声传上天庭,悲烈之景遍布四野,我们忽然茅塞顿开听到了自然之神在赞誉他们不屈的儿子,刹那间一片美好的家园呈现了,原来是由不屈的骄傲建筑在心中。

我们有了家有了艺术,我们再也不孤寂不犹豫,再也不放弃(而且我们知道了,一切创造的真正意义都是为了这个。所以无论什么行当,一旦做到极致,人们就说它是进入了艺术境界,它本来是什么已经不重要了,它现在主要是心灵的美的家园)。我们先是立了一面镜子,我们一边怀着敬畏滚动石头,一边怀着骄傲观赏我们不屈的形象。后来,我们不光能从镜了里,而且能从山的峻拔与狰狞,水的柔润与汹涌,风的和煦与狂暴,云的变幻与永恒,空间的辽阔与时间的悠久,草木的衰荣与虫兽的繁衍,从万物万象中看见自己柔弱而又刚劲的身影。心之家园的无限恰与命运的无常构成和谐,构成美,构成艺术的精髓。敬畏与骄傲,这两极!

(选自史铁生《宿命的写作》,山东文艺出版社2001年版)

1. "一切创造的真正意义都是为了这个"一句中的"这个"所指代的意思是　　(　　)

A. 自然之神

B. 敬畏自然

C. 艺术创造

D. 心灵家园

2. "我们一边怀着敬畏滚动石头,一边怀着骄傲观赏我们不屈的形象",对这一句话阐释最准确的一项是   (   )

    A. 通过对劳动者形象的描写,赞扬我们不屈的精神

    B. 通过对原始初民劳动场面的描写,表现人类与大自然搏斗的豪情

    C. 借用古希腊神话故事,赞美人类永不言弃的精神

    D. 通过虚构出的一种实践活动,褒扬人类对自然之神的敬畏之情

3. "敬畏与骄傲,这两极!"对句中"骄傲"的含义,理解正确的一项是   (   )

    A. 人类可以通过刀耕火种征服自然

    B. 自然之母永远慈祥地呵护人类

    C. 在建设心之家园的历程中,人类创造了艺术,再也不犹豫,再也不孤寂

    D. 艺术和美的创造使人类的自然生命走向无限

4. 下面对原文理解正确的一项是   (   )

    A. 人类建设心灵家园实际上是人类寻求自我安慰的一种方式

    B. 大自然的一切都可以是人类能力和精神的"镜子"

    C. 人类通过艺术和美的创造战胜了自然

    D. 艺术和美使人类不再孤寂,也使人类可以傲视自然

5. 根据文章的意思,下列关于"艺术创造"的含义理解错误的一项是   (   )

    A. 艺术活动是在刀耕火种等物质实践活动基础上产生的

    B. 艺术创造使自然之神更加关注人类

    C. 对生活意义的忧思和对美好生活的期盼是艺术创造的动力之一

    D. 艺术的精髓在于表现自然的伟大与人类不挠不挠的抗争精神

现代语文阅读理解八

阅读下列短文,完成第1题至第5题。

闻高鹗被解脱有感
黄　裳

　　近来媒体盛传,《红楼梦》百二十回本的作者署名,将从曹雪芹、高鹗合著改为曹雪芹与"无名氏"同撰,新闻简略,据闻有详细考证,论定原先后四十回出高鹗手为站不住的传说,详情尚不得知。此事虽说不上_____,在《红楼梦》的读者和"红学"研究者看来,则并非小事一桩。可断言也。

　　自"红学"生成以来,对后四十回及其作者的认定与评论,大体可分两派。其肯定后四十回为高续并加否定评论者,自鲁迅、胡适、俞平伯、周汝昌以降,实繁其徒,其否定高续者,到张爱玲而臻极致。其肯定高续并力挺其文学价值者,可以林语堂为代表,舒芜亦挺高之健者。双方观点鲜明对峙,如扩而大之,读者群中因黛玉之死而下泪者,如越剧《红楼梦》、新面世以忠于百二十回原著的电影的部分观者皆是。双方鼎峙,难分高下,而他们都是承认后四十回著者为高鹗,则是一致的。尽管从文学艺术观点上,如水火之不相容,也是公认的事实。

　　按我国章回小说的作者,每不易认定。原因是习惯看法,小说是不登大雅之堂的东西,更加政治上的避忌,更不愿以真名姓示人。其实小说作者的考定,是一件特别烦难之事。《红楼梦》作者之为曹雪芹,也几乎被否定,有说为其叔者……不一而足。其实真正认真辩论起来,雪芹在书中自述核定增删,"十年辛苦",说到底,不过是一位认真的"责任编辑"而已,是不是也应在作者署名上,加以斟酌呢?自然,这是一句笑话,不值红学专家一晒的。

　　总而言之,在古典小说的作者问题上,一般说,应取"宜粗不宜细"的态度。不至徒费精力,在这种深邃的死胡同里开拓、前进。虽然,在高鹗说来,他的被解脱,能脱身于众口交责的尴尬境地,确是巴不得的"好事"。

　　　　　　　　　　　　　　　　　　　　　　(摘自2010年9月9日《新民晚报》,有删改)

　　1. 填入文中横线处最恰当的词是　　　　　　　　　　　　　　　　　　　　(　)

　　A. 司空见惯

　　B. 惊世骇俗

C. 惊天动地

D. 沸沸扬扬

2. 据文意,在《红楼梦》的署名被修改前,关于后四十回的创作,表述正确的一项是

（ ）

A. 很多人不认为后四十回为高鹗所续

B. 都认为是高鹗所续且肯定其文学价值

C. 都认为是高鹗所续但否定其文学价值

D. 都认为是高鹗所续但对其艺术价值褒贬不一

3. 由文章叙述可知,张爱玲对于高鹗续写《红楼梦》后四十回的观点是　　（ ）

A. 否认后四十回为高鹗所续写

B. 对高鹗所续部分的文学价值持否定态度

C. 不同意鲁迅、胡适等人的观点

D. 承认为高鹗所续写并肯定文学价值

4. 作者认为"我国章回小说的作者,每不易认定"的原因是　　　　　（ ）

A. 章回小说的作者很多

B. 小说的文学价值不高

C. 小说的作者不愿用真名姓示人

D. 考证者观点水火不相容

5. 本文对考证古典小说作者这一问题的观点是　　　　　　　　　（ ）

A. 考证作者与文学研究没有关系

B. 考证作者浪费时间和精力

C. 考证作者有益于对作品艺术价值的评价

D. 考证作者应适可而止,否则会钻进死胡同

现代语文阅读理解九

阅读下面这篇短文,完成第 1—5 小题。

中国古代小说的发展及其规律
吴组缃

中国的小说,也和世界各国一样,是从神话传说开始的。有人说我国小说有很多起源,如寓言、史传、诸子散文等等,其实源只有一个,那就是神话传说。神话是把神人化,传说是把人神化,这两者之间的界限很难确切划分。

到魏晋南北朝,出现了志怪、志人小说。这是鲁迅在《中国小说史略》中起的名字,我觉得概括得很恰切。神话传说也好,志怪、志人也好,都是作为一种史实记载下来的,是靠实地访问,从民间搜集而记录下来的,因此叫作"志"。"志"是记录的意思,而不是创作。所以最初的小说,同历史归于一类。比如《穆天子传》是个神话传说,可史书却把它归于帝王"起居注"一类;《山海经》也是神话传说,《汉书》中却把它归于"地理志"中。

直到梁代萧统编《文选》,才第一个要把文学和历史区分开来。他在序中提出他的文学定义,即"事出于沉思,义归乎翰藻"。但这时他所指的文学只包括诗、文、赋,并不包括小说。我国的小说脱离历史领域而成为文学创作,还是进入唐代之后的事。唐代的文化出现了很多新的东西,文人的思想也有所发展、开阔;这时传奇小说应运而生,如陈鸿写的《长恨歌传》,白行简写的《李娃传》,都是依照传说创作而成,不再是历史性质的东西了。唐代小说的发展主要表现在富于想象虚构与讲求文采,这就同过去的作品有所区分。参照萧统的文学定义看,虚构、想象正是"事出于沉思";"义归乎翰藻",则正是讲求文采。从此,小说便发展成为文学创作了,但作为史的志怪、志人传统也并没有中止。

传奇小说发展到宋代就衰落了。宋代的小说大致是根据史事记载完成的,没有什么虚构和富有文才的创作加工,同唐代的小说大不相同。后来人们写了各个朝代的历史小说,大多走了宋代传奇的路子,即按照史书的记载编写,作为文学作品是失败的。

这时随之兴起的是话本。话本经过文人加工,就变成许多话本小说和演义小说。如《三国演义》《水浒传》《西游记》等等,大都是文人采用民间创作而进行再创作的。话本是民间"说话"艺术的底本,它是经过说书艺术的千锤百炼才产生、流传的。它以描绘精彩动人的情节场面和塑造生动活泼的人物性格见长;这就与专供人阅读的小说有了明显的不同风格,因为它们是植根于讲给人听的说书艺术的。

由这里再发展,便成为文人的独立的创作。这时不再拿民间的东西来加工了,而主要是自己创作。这一类代表作是《金瓶梅》，它在小说发展史上开辟了一条新路。无论《三国演义》《水浒传》还是《西游记》，写的都是非凡的人物或者不寻常的英雄；而《金瓶梅》开辟了一条写平凡人和日常生活的道路，通过写平凡人的日常生活，显示了现实主义文学的长足发展。沿着《金瓶梅》所开创出来的道路，《红楼梦》问世了，中国古代现实主义小说达到了辉煌的顶点。

中国小说发展的脉络及特点，大致就是如此。

（节选自吴组缃《吴组缃推荐：古代白话小说》，广陵书社，2004）

1. 根据文章第二段的阐述，下列说法**错误**的一项是 　　　　（　　）

    A. 志怪、志人小说是作为一种史实记载下来的

    B. 志怪、志人小说是从民间搜集而记录下来的

    C. 志怪、志人小说最初是由鲁迅命名的

    D. 《山海经》属于志怪小说，但被归于"地理志"中

2. 根据文章阐述，对"事出于沉思，义归乎翰藻"理解正确的一项是 　（　　）

    A. 文学创作应讲求遣词造句，追求形式的华美

    B. 文学创作应以事实为基础，同时进行适当的想象和虚构

    C. 文学创作应进行想象和虚构，同时在形式上讲求文采

    D. 文学创作前应反复思索，主题要符合主流思想

3. 根据文章第三段的阐述，下列**不能**作为唐传奇产生原因的一项是 （　　）

    A. 萧统《文选》在理论上倡导小说脱离历史

    B. 唐代文化发展的新气象

    C. 唐代文人思想的发展和开拓

    D. 小说脱离历史领域成为文学创作

4. 下列表述符合原文意思的一项是 　　　　　　　　　　　　　（　　）

    A. 传统的志怪、志人小说完全被唐传奇所取代

    B. 宋代传奇是对唐传奇的进一步发展

    C. 话本小说是在唐、宋传奇基础上直接发展而来的

    D. 《金瓶梅》开辟了古代现实主义小说发展的新路

5. 根据原文，下列推断正确的一项是 　　　　　　　　　　　　（　　）

    A. 历史小说作为文学创作是失败的

    B. 文人的加工和再创作是古代小说走向成熟的重要因素

    C. 话本小说大多重视对人物心理活动的直接描写

    D. 《金瓶梅》之后的小说家们不再相信历史的叙述

现代语文阅读理解十

阅读下面这篇短文,完成第1—5题。

自然与人生
贺　麟

自然在表面上似乎与人生相反,在本质上却正与人生相成。人若不接近自然,就难于真正了解人生。通常一般人总以为只要在社会上多酬酢,接触各式各样的人,就可以了解人生。他们不知道超出人生,回到自然,也足以帮助了解人生的真义。我曾说:要想真正了解人生,必须"深入无人之境"。所谓"无人之境",是很可以耐人寻味的境界,其含意之一,应是自然。德国诗人席勒有一句话:"人生反而把人生掩蔽住了。"成天在人群中忙来忙去的人,反而不能认识人生的真面目。所以我们这里讨论自然与人生的关系,主旨虽在教人回到自然,但也未尝不是归根于认识人生。自然与人生间这一种相反相成的关系,稍微了解辩证法原则的人,想来不难领悟。

所谓人类回到自然的"自然",是指具体的、有机的、美化的、神圣的外界而言。这个意义的自然,可以发人兴会、欣人耳目、启人心智、慰人灵魂,是与人类精神相通的。这是有生命有灵魂的自然。人生需要自然来作育,人生需要自然供给力量。自然是人生的"净化教育",自然是人生力量的源泉。

人类对于自然感到有这样伟大的意义,乃是近代精神的特征。崇拜自然,回到自然,认自然是神圣,皆是代表近代精神的看法,对传统的精神,多少有些革命的意味。因为中古时代的人受神学观念的支配,仰望天国,悬想来世,反对世界,蔑视自然;同时受礼教法律的束缚,颇有矫揉造作,违反人性,不近人情的趋势。所以回到自然的运动,也就是一种摆脱传统的宗教和礼法的拘束,促进人性自然发展的运动,在人的精神上颇有解放革新的力量。

接近自然,对于人类的身心有许多好处。这一些好处可以概括为两层意思。第一层意思是使人新鲜、活泼,加强活动,恢复健康等。因此接近自然可以治疗文明社会里的好些病态。如像自杀、疯狂、狡诈,在常常接近自然的农夫、渔人、樵子,就不会多有。第二层意思是使人强健、壮旺,增加生命力量等。这一种效果,也只有在接近自然中才能找得到。就语言来说,可以分为两种:一种是矫揉造作的语言,这种语言是外交辞令,每每言不由衷,是在文明社会里摆绅士架子的装饰品,根本是没有力量的语言。另外一种语言,是发乎本心,出乎真情,基于机体的真实需要而产生的语言,虽出言未必雅驯,但坦白率真,特别有支配行为和感动他人的力量。就一个民族来说,假如一个民族,还能够保持朴厚的天真,便是有元气、有精神、有生命的民族。反之,假如一个民族,已经丧失掉纯朴的天真,只有虚伪的形式,没有诚朴的素质,专门注意仪式礼节方面的繁文缛节,这种民族,表面也许文明,实际上就是生命力枯竭的民族。

(节选自《文化与人生》,商务印书馆,1996 年)

1. 对文章第一段中"无人之境"的理解,正确的一项是 ( )

    A. 指没有经过人类改造的原始状态的自然

    B. 指在欣赏大自然或艺术作品时的忘我境界

    C. 指超越尘世喧嚣的心灵感受到的本真的自然

    D. 指谙熟于社会规则后达到的游刃有余的境界

2. "人生反而把人生掩蔽住了"中的后一个"人生"指的是 ( )

    A. 真实自然的人生

    B. 酬酢忙碌的人生

    C. 超越现实的人生

    D. 信仰神学的人生

3. 对于"有生命有灵魂的自然"的阐释,正确的一项是 ( )

    A. 自然是由各种生命有机体组成的

    B. 自然是人类所崇拜并深深敬畏的

    C. 人与自然精神相通而赋予自然生命和灵魂

    D. 人通过对人生的认识而赋予自然生命和灵魂

4. 对文中多次提及的"回到自然"的理解,不正确的是 ( )

    A. 回到自然能有益于人类的身心健康

    B. 回到自然能弘扬解放革新的近代精神

    C. 回到自然能摆脱宗教礼法对人性的束缚

    D. 回到自然能杜绝文明社会的各种病态

5. 根据文章主旨,下列说法不正确的一项是 ( )

    A. 只有保持和自然的亲密接触才能正确认识人生

    B. 与自然在精神和灵魂上的交融是人生的美好境界

    C. 在社会中的历练也是人生的组成部分

    D. 文明程度越高,人和自然的距离越远

现代语文阅读理解十一

阅读下面这篇短文,完成第1—5题。

三松堂断忆
宗 璞

父亲在世的最后几年里,经常住医院,一九八九年下半年起更为频繁。一次是十一月十一日午夜,父亲突发心绞痛,被送往医院,一切安排妥当后,他的精神好了许多。我俯身为他披好被角,正要离开时,他疲倦地用力说:"小女,你太累了!""小女"这乳名几十年不曾有人叫了。"我不累",我说,勉强忍住了眼泪。

每住医院,他常常喜欢自己背诵诗词,反复吟哦《古诗十九首》。有记不清的字,便要我们查对。"浩浩阴阳移,年命如朝露。人生忽如寄,寿无金石固。"他在诗词的意境中似乎觉得十分安宁。一次他对我说:"孔子说过,朝闻道,夕死可矣。张横渠又说,生吾顺事,没吾宁也。我现在是事情没有做完,所以要治病。等书写完了,再生病就不必治了。"我只能说:"那不行,哪有生病不治的呢!"父亲微笑不语。我走出病房,便落下泪来。坐在车上,更是泪如泉涌。一种没有人能分担的孤单,沉重地压迫着我。父亲的重要著作《中国哲学史新编》八十岁才开始写,许多人担心他写不完。我希望他快点写完《新编》,可又怕他写完。我知道,分别是不可避免的。

人们常问父亲有什么遗言。他在最后的几天有时念及远在异国的儿子钟辽和唯一的孙子冯岱。他用力气说出的最后的关于哲学的话是:"中国哲学将来要大放光彩!"

根据父亲的说法,哲学是对人类精神的反思。他自己就总是在思索、在考虑问题。因为过于专注,难免有些呆气。他晚年耳目失其聪明,自己形容自己是"呆若木鸡" 其实这些呆气早已有之。他的生命就是不断地思索,不论遇到什么挫折,遭受多少批判,他仍然顽强地思考,不放弃思考。不能创造体系,就自我批判,自我批判也是一种思考。

父亲自奉甚俭,但不乏生活情趣。他并不永远道貌岸然,也有豪情奔放,潇洒闲逸的时候,不过机会较少罢了。六十年代初,我因病常住家中,每于傍晚随父亲到颐和园包坐大船,一元钱一小时,正好览尽落日的绮辉。一位当时的大学生若干年后告诉我,那时他常常看见我们的船在彩霞中飘动,觉得真如神仙中人。我觉得父亲是有些仙气的,这仙气在于他一切看得很开。在他的心目中,人是与天地等同的。"人与天地参",我不只一次听他讲解这句话。"三才者,天地人"。既与天地同,还屑于去钻营什么!那些年,一些稍有办法的人都能把子女调回北京,而他,却只能让他最钟爱的幼子钟越长期留在医疗落后的黄土高原。一九八二年,钟越终于为祖国的航空事业流尽了汗和血,献出了他的青春和生命。

父亲的呆气里有儒家的伟大精神,"天行健,君子以自强不息",自强不息到"知其不可为而为之"的地步;父亲的仙气里又有道家的豁达洒脱。秉此二气,他穿越了在苦难中奋斗的中国的二十世纪。<u>他的一生便是二十世纪中国文化的一个篇章。</u>

注:文中的"父亲"是著名哲学家冯友兰先生。

（选自百花文艺出版社《宗璞散文选》,有删改）

1. 文章第一段和第二段都写到了"眼泪",对这两处"眼泪"含义的正确理解是 （　　）

   A. 第一处是因为心疼父亲,第二处是因为担心父亲即将离去。

   B. 第一处是因为心疼父亲,第二处是因为担心父亲不肯治病。

   C. 第一处是因为父亲喊"我"乳名而感动,第二处是因为无人分担照顾父亲的重任。

   D. 第一处是因为父亲喊"我"乳名而感动,第二处是因为无人理解自己内心的孤独。

2. 根据文意,父亲晚年形容自己"呆若木鸡"是因为 （　　）

   A. 他的听力和视力出现了问题。

   B. 他总是在思索,思考问题过于专注。

   C. 他自认为晚年不如年轻时聪明了。

   D. 他未能解决孩子的工作调动问题。

3. "我希望他快点写完《新编》,可又怕他写完",所反映的作者的心情是 （　　）

   A. 希望完成《新编》让父亲颐养天年,但又担心他因继续思索和笔耕而劳累。

   B. 希望完成《新编》告慰那些关心父亲的人,但担心他因此付出健康的代价。

   C. 希望父亲早日完成平生一大心愿,但又担心他写完后再生病会拒绝治疗。

   D. 希望父亲早日完成哲学体系的创造,但又担心完成后父亲很快就会离去。

4. 根据文章,下列表述正确的一项是 （　　）

   A. 父亲一生专注于思考,目的就在于创造出一套哲学体系来。

   B. 父亲致力于中国哲学研究,并深信中国哲学"要大放光彩"。

   C. 父亲在学术研究中表现出"呆气",生活中则表现出"仙气"。

   D. 父亲希望儿女们也能像自己一样,专心从事中国哲学研究。

5. 对文章最后一句话的理解,不正确的一项是 （　　）

   A. 父亲的一生是20世纪曲折前行的中国文化的写照。

   B. 父亲的人格体现了"自强不息"的20世纪中国文化精神。

   C. 父亲的身体力行使儒、道思想在20世纪发扬光大。

   D. 父亲的学术成就使他能在20世纪中国文化史上占有一席之地。

现代语文阅读理解十二

阅读下面这篇短文,完成1—4题。

东西文明的融合

欧洲文化以希腊哲学为传统,经过与基督文化长期撞击、辩论,融会贯通,成为一个完整的体系。中国文化,以儒道为传统,经过与佛教文化长期撞击、辩论,融会贯通,成为儒道释合流的有机体系。由此可见,任何一种文化,无论中西,都不是单一的来源,是由几个源泉汇流而成的。至于希腊文化本身,如何从埃及、波斯、巴比伦文化吸收养分,成长壮大,则又是个有趣的问题。

经过千年以上的撞击、融合过程,不论西方文化还是中国文化,都已相当成熟,严密、充实、完备,甚至给人以铜墙铁壁、坚不可摧之感。然而,无论多么庄严宏伟、自成体系的文化殿堂,其深层次的大门永远是敞开的。因为任何文化,只要是"活"的,有"生命力"的,都是"开放"的,都会不断地从外部吸收营养。

在吸收西方文化方面,我们中国人曾经付出过惨痛的代价,现在已经变得更加成熟,更有分辨力了。当下的中国文化,正在积极努力"吞噬"着西方文化中的营养成分,充实自己,提高自己。许多原本是西方的东西,已经在我们的生活中司空见惯,诸如西服、油画、影视等。以哲学来说,西方普通的哲学用语,不但进入我们的学术界,有的已成了日常用语,像"透过现象看本质",几乎成了中国人的"口头禅"。当然,这跟我国几十年来的改革开放以及文化教育水平的提升密切相关。

西方文化也在吸收世界上其他文化的精华,不断丰富、发展自己,其中包括与中国文化的沟通。世界上各种文化的关系,诚如费孝通先生所说,"各美其美,美人之美,美美与共,天下大同",不应是文明的冲突,而应是文明的融合。

(据叶秀山《西方哲学研究中的中国视角》改写)

1. 根据文中的意思,下列关于希腊哲学和文化的说明,正确的一项是　　　　(　　)

　A. 世界上任何一种文化都不是单一来源,但希腊文化却是个有趣的例外。

　B. 希腊哲学是欧洲文化的重要源泉,没有希腊哲学就不可能有基督文化。

　C. 希腊文化博大精深且自成体系,但它仍然可以成功地与中国文明沟通。

　D. 希腊文化是古代西方文明的代表,基督文化则是现代西方文明的代表。

2. 下列关于中国文化的说明,不正确的一项是 （ ）

    A. 中国传统文化是儒释道交融的有机体系。

    B. 当代中国文化中有很多西方文化的元素。

    C. 改革开放推动了中国传统文化走向世界。

    D. 中国现代化的关键是不断吸收西方文化。

3. 关于文化融合,下列推论正确的一项是 （ ）

    A. 西方文化之间可以实现融合,而东西方文化之间只可能是激烈的冲突。

    B. 东西方文化之间的融合是必然趋势,但是在融合中彼此都会有得有失。

    C. 文化融合是文化发展的必由之路,其结果是全世界最终只有一种文化。

    D. 文化融合是指文化之间的碰撞,其结果是强势文化"吞噬"弱势文化。

4. 请阐释文中画线句子的含义。

三、文言文阅读理解专项练习

文言文阅读理解一

阅读下面的文字,完成第1—5题。

蝜蝂者,善负小虫也。行遇物,辄持取,昂其首负之。背愈重,虽困剧不止也。其背甚涩,物积因不散,卒踬仆不能起。人或怜之,为去其负;苟能行,又持取如故。又好上高,极其力不已,至坠地死。

今世之嗜取者,遇货不避,以厚其室,不知为己累也,唯恐其不积。及其怠而踬也,黜弃之,迁徙之,亦以病矣;苟能起,又不艾。日思高其位,大其禄,而贪取滋甚,以近于危坠,观前之死亡不知戒。虽其形魁然大者也,其名人也,而智则小虫也。亦足哀夫!

1. "行遇物,辄持取,昂其首负之"中"辄"的含义是 （　　）

    A. 就   B. 总是

    C. 喜欢   D. 不能

2. "迁徙之,亦以病矣"中"病"的含义是 （　　）

    A. 生病   B. 困苦

    C. 变坏   D. 疾病

3. "苟能起,又不艾"中"艾"的读音和含义是 （　　）

    A. āi 衰落   B. āi 停止

    C. yì 悔改   D. yì 割草

4. 文中形容词用作使动词的有 （　　）

    A. 又好上高,极其力不已,至坠地死。

    B. 虽其形魁然大者也,其名人也,而智则小虫也。

    C. 遇货不避,以厚其室。

    D. 蝜蝂者,善负小虫也。

5. 关于本文主题的叙述错误的是 （　　）

    A. 这是一篇短小警策、生动幽默的寓言式杂文。

B. 作者描写了小爬虫贪得无厌、好向上爬的特性。

C. 作者对小人物充满了同情,劝告他们不要太贪心。

D. 作者讽刺了腐朽的官吏,指出他们必然自取灭亡。

文言文阅读理解二

阅读下列短文,完成第1—5题。

石崇与王恺争豪,并穷绮丽以饰舆服。武帝,恺之甥也,每助恺。尝以一珊瑚树高二尺许赐恺,枝柯扶疏,世罕其比。恺以示崇。崇视讫,以铁如意击之,应手而碎。恺既惋惜,又以为疾己之宝,声色甚厉。崇曰:"不足恨,今还卿。"乃命左右悉取珊瑚树,有三尺、四尺,条干绝世,光彩溢目者六七枚,如恺许比甚众。恺惘然自失。

1. "并穷绮丽以饰舆服"之中"穷"的含义是 （ ）

    A. 贫苦   B. 竭尽

    C. 困顿   D. 拮据

2. "尝以一珊瑚树高二尺许赐恺"之中"许"的含义是 （ ）

    A. 许诺   B. 允许

    C. 许多   D. 约略

3. "又以为疾己之宝"之中"疾"的含义是 （ ）

    A. 忌妒   B. 快速

    C. 同"急"   D. 疾病

4. 文中王恺的心理变化过程是 （ ）

    A. 自傲——惋惜——愤怒——自卑

    B. 自傲——自卑——愤怒——惋惜

    C. 惋惜——愤怒——自卑——自傲

    D. 愤怒——自傲——惋惜——自卑

5. 关于本文说法错误的是 （ ）

    A. 文章揭示了魏晋时期穷极奢侈的社会现实。

    B. 文章表现了魏晋门阀残暴狠毒的品性。

    C. 文章采用对比写法来刻画人物性格。

    D. 文章运用细节描写来塑造人物。

文言文阅读理解三

阅读下列短文,完成第1—5题。

愚所谓圣人之道者如之何？曰"博学于文"、曰"行己有耻"。自一身以至于天下国家,皆学之事也;自子臣弟友以至出入、往来、辞受、取与之间,皆有耻之事也。耻之于人大矣！不耻恶衣恶食,而耻匹夫匹妇不被其泽,故曰"万物皆备于我矣,反身而诚"。呜呼！士而不先言耻,则为无本之人;非好古而多闻,则为空虚之学。以无本之人,而讲空虚之学,吾见其日从事于圣人而去之弥远也。虽然,非愚之所敢言也,且以区区之见,私诸同志而求起予。

（顾炎武:《与友人论学书》）

1. "万物皆备于我矣,反身而诚"之中"备"的含义是 （　　）

    A. 准备   B. 预备

    C. 拥有   D. 储备

2. "非愚之所敢言也"之中"愚"的含义是 （　　）

    A. 愚蠢   B. 愚蠢的人

    C. 我们   D. 我

3. "士而不先言耻,则为无本之人"之中"本"的含义是 （　　）

    A. 根基   B. 本钱

    C. 本领   D. 本身

4. "耻匹夫匹妇不被其泽"翻译成白话文是 （　　）

    A. 把普通老百姓没有受到他的恩泽视为耻辱。

    B. 把普通老百姓没有被他所恩泽视为耻辱。

    C. 羞耻啊,普通老白姓没有被他所恩泽。

    D. 把贫贱夫妻没有受到他的恩泽视为耻辱。

5. 关于文中"圣人之道"说法错误的是 （　　）

    A. 钻研经史,讲究经世致用。

    B. 好古多闻,讲究性情心性。

    C. 强调孔子、孟子的实践精神。

    D. 研究实学,躬身履践。

文言文阅读理解四

阅读下列短文,完成第1—5题。

李将军广者,陇西成纪人也。天子使中贵人(按:中贵人即宦官)从广勒习兵击匈奴。中贵人将骑数十纵,见匈奴三人,与战。三人还射,伤中贵人,杀其骑且尽。中贵人走广。广曰:"是必射雕者也。"广乃遂从百骑往驰三人。广身自射彼三人者,杀其二人,生得一人,果匈奴射雕者也。已缚之上马,望匈奴有数千骑,见广,以为诱骑,皆惊,上山陈。广之百骑皆大恐,欲驰还走。广曰:"吾去大军数十里,今如此以百骑走,匈奴追射我立尽。今我留,匈奴必以我为大军诱之,必不敢击我。"广令诸骑曰:"前!"前未到匈奴陈二里所,止,令曰:"皆下马解鞍!"其骑曰:"虏多且近,即有急,奈何?"广曰:"彼虏以我为走,今皆解鞍以示不走,用坚其意。"于是胡骑遂不敢击。是时会暮,胡兵终怪之,不敢击。夜半时,胡兵亦以为汉有伏军于旁欲夜取之,胡皆引兵而去。平旦,李广乃归其大军。大军不知广所之,故弗从。其后四岁,广出雁门击匈奴。匈奴兵多,破败广军,生得广。行十余里,广以故得脱。于是至汉,汉下广吏。吏当广所失亡多,为虏所生得,当斩,赎为庶人。家居数岁,尝夜从一骑出,从人田间饮,还至霸陵亭。霸陵尉醉,呵止广。广骑曰:"故李将军。"尉曰:"今将军尚不得夜行,何乃故也!"止广宿亭下。居无何,天子乃召拜广为右北平太守。广即请霸陵尉与俱,至军而斩之。

太史公曰:猿臂善射,实负其能。解鞍却敌,圆阵摧锋。边郡屡守,大军再从。失道见斥,数奇不封。惜哉名将,天下无双!

(节选自《史记·李将军列传》)

1. 对下列加点词语解释正确的一项是 ( )

    A. 上山陈 陈:陈述

    B. 前未到匈奴陈二里所 所:地方

    C. 是时会暮 会:恰逢

    D. 天子乃召拜广为右北平太守 拜:拜托

2. "为虏所生得,当斩"中的"当"的含义是 ( )

    A. 应当   B. 判决

    C. 相当   D. 建议

3. 下列加点词语意义相同的一组是 ( )

    A. 杀其骑且尽;虏多且近

    B. 已缚之上马;大军不知广所之

    C. 故弗从;故李将军

    D. 匈奴必以我为大军诱;以为诱骑

4. 下列加点词语属于形容词意动用法的一项是　　　　　　　　　　（　　）

　　A. 胡兵终怪之　　　　　　　　B. 用坚其意

　　C. 即有急　　　　　　　　　　D. 胡骑遂不敢击

5. 对这段文字的分析,下列说法正确的一项是　　　　　　　　　　（　　）

　　A. 这段文字的主要表达方式是描写。

　　B. 李广的卖国求荣使其最终没有逃脱被惩罚的命运。

　　C. 霸陵尉事件揭露了李广恩将仇报的性格。

　　D. 作者虽然对李广有褒有贬,但也流露出对赏罚不公的不满。

文言文阅读理解五

阅读下列短文,完成第1—5题。

　　所谓诚其意者,毋自欺也,如恶恶臭,如好好色。此之谓自谦。故君子必慎其独也。

　　小人闲居为不善,无所不至,见君子而后厌然揜(yǎn,同"掩")其不善而著其善。人之视己,如见其肺肝然,则何益矣?此谓诚于中,形于外。故君子必慎其独也。

　　曾子曰:"十目所视,十手所指,其严乎!"富润屋,德润身,心广体胖。故君子必诚其意。

（选自《礼记·大学》）

1. "此之谓自谦"的"谦"的含义是　　　　　　　　　　　　　　　　（　　）

　　Λ. 谦虚　　　　　B. 满足　　　　　C. 严谨　　　　　D. 约束

2. "恶恶臭"和"好好色"的正确读音和词性是　　　　　　　　　　（　　）

　　A. è(形)wù(动)xiù(名)　　　　　hǎo(形)hǎo(形)sè(名)

　　B. wù(动)è(形)xiù(名)　　　　　hào(动)hǎo(形)sè(名)

　　C. è(形)wù(动)chòu(形)　　　　hào(动)hào(动)sè(名)

　　D. wù(动)è(形)chòu(形)　　　　hào(形)hào(动)sè(名)

3. 下列句中有使动用法的一项是　　　　　　　　　　　　　　　　（　　）

　　A. 所谓诚其意者,毋自欺也

　　B. 人之视己,如见其肺肝然

　　C. 此谓诚于中,形于外

　　D. 如恶恶臭,如好好色

4. "慎其独"的正确意思是　　　　　　　　　　　　　　　　　　　（　　）

A. 只谨慎地对待自己

B. 防止他独自生活

C. 谨慎地对待他人的独处

D. 独处的时候,行为也要谨慎不苟

5. 关于本文内容的说法错误的是 （ ）

A. 本文阐述了有道德修养的人必须"慎独"的道理。

B. "诚其意"是自修的根本,想要加强自我修养,就不要自欺欺人。

C. 文中小人的例子说明因为人们看不透小人之心,所以君子应独善其身。

D. 引用曾子的话进一步说明了"慎独"的重要性。

文言文阅读理解六

阅读下列短文,完成第 1—5 题。

初,范阳祖逖,少有大志,与刘琨俱为司州主簿,同寝,中夜闻鸡鸣,蹴琨觉,曰:"此非恶声也!"因起舞。

及渡江,左丞相睿①以为军咨祭酒。逖居京口,纠合骁健,言于睿曰:"晋世之乱,非上无道而下怨叛也,由宗室争权,自相鱼肉,遂使戎狄乘隙,毒流中土。今遗民既遭残贼,人思自奋,大王诚能命将出师,使如逖者统之以复中原,郡国豪杰,必有望风响应者矣。"

睿素无北伐之志,以逖为奋威将军、豫州刺史。给千人廪,布三千匹,不给铠仗,使自召募。逖将其部曲百余家渡江,中流击楫而誓曰:"祖逖不能清中原而复济者,有如大江!"遂屯淮阴,起冶铸兵,募得两千余人而后进。

(节选自司马光《资治通鉴》)

[注释]① 睿:即司马睿,当时任西晋左丞相。

1. "祖逖不能清中原而复济者"一句中"济"字的含义是 （ ）

A. 渡水 　　　B. 济世

C. 救济 　　　D. 成事

2. 对文中"蹴琨觉"、"纠合骁健"、"起冶铸兵"三句中加点字的注音与解释都正确的一项是 （ ）

A. 蹴:jiù,踢 　　B. 觉:jué,醒来

C. 骁:yáo,勇猛 　　D. 冶:yě,熔炼

3. 根据祖逖为司马睿所做的分析,"晋世之乱"的主要原因在于 （ ）

A. 统治者无道,导致人民叛乱。

B. 民怨沸腾,发生叛乱,外族乘机入侵。

C. 王室内乱,导致外族入侵。

D. 外族侵略,导致王室内乱,人民同时发生叛乱。

4. 关于这篇短文说法正确的一项是 （　　）

　　A. 从文中祖逖"蹴琨觉"一语可以看出祖逖和刘琨之间有矛盾。

　　B. 司马睿听到祖逖向他表达北伐的志向后给予了全力支持。

　　C. "闻鸡起舞"、"击楫中流"这两个成语源于祖逖和他的部下刘琨二人的事迹。

　　D. 在文中祖逖明确表达了他誓死收复中原的决心。

5. 文中反映出一些古代文化观念,下列说法中不符合实际的一项是 （　　）

　　A. 古人认为半夜鸡鸣是好兆头,所以祖逖认为"此非恶声也"。

　　B. 古人经常用江水起誓,所以祖逖起誓说"有如大江"。

　　C. 祖逖所谓的"戎狄",是古代中原地区对西方、北方部族的蔑称。

　　D. 文中祖逖自称"逖"或"祖逖",根据古人习惯,在自称时多称名或姓名,而直接称呼对方之名常显得不敬。

文言文阅读理解七

阅读下列短文,完成第1—5题。

谷阳献酒

　　楚共王与晋厉公战于鄢陵,楚师败而共王伤其目。酣战之时,司马子反渴而求饮,竖①谷阳操觞酒而进之。子反曰:"嘻,退!酒也。"谷阳曰:"非酒也。"子反受而饮之。子反之为人也,嗜酒而甘之,弗能绝于口,醉而卧。战既罢,共王欲复战,令人召司马子反,司马子反辞以心疾。共王驾而自往,入其幄中,闻酒臭而还,曰:"今日之战,寡人新伤,所恃者司马也。而司马又醉如此,是忘楚国之社稷而不恤吾众也!寡人无与复战矣。"于是罢师而去,斩司马子反以为大戮②。

　　故竖③谷阳之进酒,不以仇子反也,其心忠爱之,而适足以杀之。故曰:"行小忠则大忠之贼也。"

(节选自《韩非子集解》,中华书局 2003 年版,有删改)

[注释]①、③ 竖:童仆。　② 大戮:杀了陈尸示众。

1. 下列句中的"而"表偏正关系的一项是 （　　）

　　A. 司马子反渴而求饮。

　　B. 子反受而饮之。

　　C. 共王驾而自往。

D. 楚师败而共王伤其目。

2. 下列句子表述错误的一项是　　　　　　　　　　　　　　　（　　）

　　A. 文末"……而适足以杀之"的"适"是"恰恰、恰好"的意思。

　　B. "嗜酒而甘之"的"甘",是形容词的意动用法。

　　C. "入其幄中,闻酒臭而还"中的"臭",是"气味"的意思。

　　D. "罢师而去。"其中的"去"译作"到……去"。

3. 下列句式不属于或者不包含判断句的一项是　　　　　　　　　（　　）

　　A. 寡人无与复战矣。

　　B. 子反曰:"嘻,退! 酒也。"

　　C. 是忘楚国之社稷而不恤吾众也!

　　D. 今日之战,寡人新伤,所恃者司马也。

4. 下列符合短文内容的一项是　　　　　　　　　　　　　　　（　　）

　　A. 楚晋交战,楚国败了,但楚共王把晋厉公的眼睛弄伤了。

　　B. 童仆谷阳以酒充水给司马子反喝,是出于对子反的忠诚爱戴。

　　C. 楚共王请司马子反来商议退兵一事,子反以生病为由推辞了。

　　D. 楚共王在危难之时丝毫不讲情面,忘记了国家,不爱惜百姓。

5. 下列对短文理解正确的一项是　　　　　　　　　　　　　　　（　　）

　　A. 楚共王不明智,把整个国家的命运仅系于司马子反一身。

　　B. 谷阳好心做坏事,只考虑司马子反爱喝酒,未顾及共王的感受。

　　C. 司马子反意志薄弱,因醉酒不但耽误了国事,还遭受了杀身之祸。

　　D. 司马子反之所以被杀,就因为他弄虚作假,装病欺骗君主。

文言文阅读理解八

阅读下列短文,完成第1—5题。

楚归晋知罃

　　晋人归楚公子于楚,以求知罃。楚人许之。楚王送知罃,曰:"子其怨我乎?"对曰:"二国治戎,臣不才,不胜其任,以为俘馘①。执事不以衅鼓,使归即戮,君之惠也。臣实不才,又谁敢怨?"王曰:"然则德我乎?"对曰:"二国图其社稷,而求纾其民,各惩其忿,以相宥也。两释累囚,以成其好。二国有好,臣不与及,其谁敢德?"王曰:"子归,何以报我?"对曰:"臣不任受怨,君亦不任受德,无怨无德,不知所报。"王曰:"虽然,必告不毂。"

对曰："以君之灵,累臣得归骨于晋,寡君之以为戮,死且不朽。若从君之惠而免之,而使嗣宗职,次及于事,而帅偏师以修封疆。虽遇执事,其弗敢违。其竭力致死,无有二心,以尽臣礼,所以报也。"王曰:"晋未可与争。"重为之礼而归之。

（选自《左传·成公三年》,有删改）

[注释]① 馘(guó),古代战时割取所杀敌人的左耳用于记功。俘馘,俘虏。

1. 下列句子不属于宾语前置句的一句是 （ ）

   A. 执事不以衅鼓,使归即戮,君之惠也。

   B. 臣实不才,又谁敢怨?

   C. 二国有好,臣不与及,其谁敢德?

   D. 子归,何以报我?

2. 下列句中加点的"其"为语气副词、表揣测意味的一句是 （ ）

   A. 臣不才,不胜其任。

   B. 二国图其社稷,而求纾其民,各惩其忿,以相宥也。

   C. 子其怨我乎?

   D. 虽遇执事,其弗敢违。其竭力致死,无有二心。

3. 下列对加点的字词解释错误的一项是 （ ）

   A. "执事不以衅鼓"中的"衅",本义为"以牲血涂"。

   B. "各惩其忿,以相宥也。"句中的"宥"是"辅佑"的意思。

   C. "虽然,必告不穀。""不穀"是古代王侯的自谦之词。

   D. "若不获命……而帅偏师以修封疆。"其中的"帅"意为"率领"。

4. 下列说法符合短文内容的一项是 （ ）

   A. 知罃认为若托晋君的福气回到晋国,虽遭受杀戮,也可不朽。

   B. 因为知罃没有才能,所以晋君认为他不能胜任其职。

   C. 知罃觉得他和楚王之间没有恩德,也没有怨恨。

   D. 知罃说,在保卫边疆时,如遇到楚王,不会对他有二心。

5. 下列说法对短文理解正确的一项是 （ ）

   A. 知罃作为楚国的人质,最后被交换回国。

   B. 楚王送别知罃时,多次询问知罃是否责怪自己。

   C. 晋楚两国为了结成友好之邦,把自己国家大量的囚犯都释放了。

   D. 楚王看到晋国有知罃这样的臣子,于是感叹不可以与晋国相争。

文言文阅读理解九

阅读下面这篇短文,完成第1—5题。

答司马谏议书
王安石

某启:昨日蒙教,窃以为与君实游处相好之日久,而议事每不合,所操之术多异故也。虽欲强聒,终必不蒙见察,故略上报,不复一一自辨。重念蒙君实视遇厚,于反复不宜卤莽,故今具道所以,冀君实或见恕也。

盖儒者所争,尤在于名实。名实已明,而天下之理得矣。今君实所以见教者,以为侵官、生事、征利、拒谏,以致天下怨谤也。某则以谓受命于人主,议法度而修之于朝廷,以授之于有司,不为侵官;举先王之政,以兴利除弊,不为生事;为天下理财,不为征利;辟邪说,难壬人,不为拒谏。至于怨诽之多,则固前知其如此也。人习于苟且非一日,士大夫多以不恤国事、同俗自媚于众为善。上乃欲变此,而某不量敌之众寡,欲出力助上以抗之,则众何为而不汹汹然!盘庚之迁,胥怨者民也,非特朝廷士大夫而已。盘庚不为怨者故改其度;度义而后动,是而不见可悔故也。

如君实责我以在位久,未能助上大有为,以膏泽斯民,则某知罪矣;如曰今日当一切不事事,守前所为而已,则非某之所敢知。

无由会晤,不任区区向往之至。

[注]司马谏议:即司马光,字君实,时任右谏议大夫。

1. 对下列各句中加点字解释**错误**的一项是   ( )

   A. 虽欲强聒。聒:喧哗、嘈杂

   B. 故今具道所以。具:通"俱",全部

   C. 冀君实或见恕也。冀:希望

   D. 度义而后动。度:法度

2. 文章引用盘庚迁都的史实是为了驳斥司马光对作者   ( )

   A. "天下怨谤"的指责

   B. "生事"的指责

   C. "征利"的指责

   D. "拒谏"的指责

3. 对"盘庚不为怨者故改其度"这句话理解正确的一项是   ( )

   A. 盘庚不想做一个被人怨恨的人而改变他的计划。

   B. 盘庚不因为有人怨恨而改变他的计划。

C. 盘庚不因为有怨恨的人而故意改变他的态度。

D. 盘庚不因为有人怨恨而故意改变他的计划。

4. 对"儒者所争,尤在于名实"这句话理解正确的一项是　　　　　　(　　)

　　A. 儒者所争夺的,最主要的是名气和实惠。

　　B. 儒者所争抢的,最主要的是名声和实际的权力。

　　C. 儒者所争抢的,最主要的是名义和实际是否相符。

　　D. 儒者所争取的,最主要的是名誉和实践活动。

5. 关于本文,下列说法**错误**的一项是　　　　　　　　　　　　(　　)

　　A. 文中的"蒙教"、"窃以为"、"见恕"表示作者自谦或对对方的尊敬。

　　B. 本文行文礼貌周到,作者在文中辩解的目的是希望司马光能原谅自己。

　　C. 本文是一封书信,但也可视为一篇驳论文。

　　D. 文章表述了作者坚持己见、决不动摇的决心。

文言文阅读理解十

阅读下文,完成第1—5题。

廉吏卢钧传

　　卢钧字子和,范阳人。元和四年进士擢第。开成元年,出为华州刺史、潼关防御、镇国军等使。其年冬,代李从易为广州刺史、御史大夫、岭南节度使。南海有蛮舶之利,珍货辐辏。旧帅作法兴利以致富,凡为南海者,靡不捆载而还。钧性仁恕,为政廉洁,请监军领市舶使,己一不干预。自贞元以来,衣冠得罪流放岭表者,因而物故,子孙贫悴,虽遇赦不能自还。凡在封境者,钧减俸钱为营槥椟①;其家疾病死丧,则为之医药殡殓;孤儿稚女,为之婚嫁,凡数百家。由是山越之俗,服其德义,令不严而人化。三年将代,华夷<u>数千人诣阙请立生祠,铭功颂德。</u>先是,土人与蛮獠杂居,婚娶相通,吏或挠之,相诱为乱。钧至立法,俾华蛮异处,婚娶不通,蛮人不得立田宅。由是徼外肃清,而不相犯。

　　(会昌)四年,诛刘稹,以钧检校兵部尚书,兼潞州大都督府长史。是冬,诏钧出潞军五千戍代北,钧升城门饯送,其家设幄观之。潞卒素骄,因与家人诀别,乘醉倒戈攻城门。<u>监军以州兵拒之,至晚抚劳方定。</u>

　　诏钧入朝,拜户部侍郎、判度支,迁户部尚书。<u>钧践历中外,事功益茂。</u>后辈子弟,多至台司。至是急征,谓当辅弼,虽居端揆②,心殊失望。常移病不视事,与亲旧游城南别墅,或累日一归,十一月九月,以钧检校司徒、同中书门下平章事、兴元尹,充山南西道节度使。入为太子太师,卒。

　　(节选自《旧唐书·卢钧列传》)

　　[注] ① 槥椟:小棺材。　② 端揆:尚书省长官。

1. 对下列句子中加点的字的解释,不正确的一项 （ ）

    A. 请监军领市舶使   领:兼任
    B. 因而物故   故:死亡
    C. 潞卒素骄   骄:骄傲
    D. 谓当辅弼   谓:以为

2. 下列各句中加点的词在文中的意义与现代汉语相同的一项是 （ ）

    A. 旧帅作法兴利以致富
    B. 己一不干预
    C. 衣冠得罪流放岭表者
    D. 钧践历中外

3. 下列各组句子中,加点的词的意义和用法不相同的一组是 （ ）

    A. 其家疾病死丧,则为之医药殡殓
       皇上有所询问,则令总理衙门传旨
    B. 凡为南海者,靡不捆载而还
       凡在封境者,钧减俸钱为营槽椟
    C. 令不严而人化
       青,取之于蓝,而青于蓝
    D. 因与家人诀别,乘醉倒戈攻城门
       与亲旧游城南别墅,或累日一归

4. 下列句子分别编为四组,全都表现卢钧"仁恕廉洁"的一组是 （ ）
    ① 请监军领市舶使,己一不干预
    ② 凡在封境者,钧减俸钱为营槽椟
    ③ 钧至立法,俾华蛮异处,婚娶不通,蛮人不得立田宅
    ④ 钧升城门饯送,其家设幄观之
    ⑤ 监军以州兵拒之,至晚抚劳方定
    ⑥ 常移病不视事,与亲旧游城南别墅,或累日一归

    A. ①③④⑤
    B. ①②④⑥
    C. ②③⑤⑥
    D. ①②④⑤

5. 下列对原文的叙述和分析,不正确的一项是 （ ）

    A. 卢钧虽然身为岭南手握重权的一方官吏,但不以权谋私,这与许多前任利用
       职务之便,想方设法中饱私囊,形成了鲜明的对比。
    B. 卢钧治岭南,既重德治——身教重于言教,又重法治——订立法度,将汉族与

其他少数民族分而治之,化解了那里的民族矛盾。

C. 卢钧在潞州处理军士哗变时异常冷静:一方面指挥守城部队控制事态发展,避免造成重大损失;一方面对骚乱士卒安抚慰问,终于及时平息了哗变。

D. 卢钧在创建了许多功绩以后,自认为应该担任宰相,但未能如愿,就常常称病不管事,与亲朋旧友外出游玩,有时几天才回城一遍。

文言文阅读理解十一

阅读下面这篇短文,完成第1—5题。

去　私
《吕氏春秋》

天无私覆也,地无私载也,日月无私烛也,四时无私行也。行其德而万物得遂长焉。尧有子十人,不与其子而授舜;舜有子九人,不与其子而授禹:至公也。晋平公问于祁黄羊曰:"南阳无令,其谁可而为之?"祁黄羊对曰:"解狐可。"平公曰:"解狐非子之仇邪?"对曰:"君问可,非问臣之仇也。"平公曰:"善。"遂用之。国人称善焉。居有间,平公又问祁黄羊曰:"国无尉,其谁可而为之?"对曰:"午可。"平公曰:"午非子之子邪?"对曰:"君问可,非问臣之子也。"平公曰:"善。"又遂用之。国人称善焉。孔子闻之曰:"善哉! 祁黄羊之论也,外举不避仇,内举不避子。"祁黄羊可谓公矣。

墨者有钜子腹䵍,居秦,其子杀人,秦惠王曰:"先生之年长矣,非有他子也。寡人已令吏弗诛矣,先生之以此听寡人也。"腹䵍对曰:"墨者之法曰:'杀人者死,伤人者刑。'此所以禁杀伤人也。夫禁杀伤人者,天下之大义也。王虽为之赐,而令吏弗诛,钜子不可不行墨者之法。"不许惠王,而遂杀之。子,人之所私也。<u>忍所私以行大义,钜子可谓公矣。</u>

庖人调和而弗敢食,故可以为庖。若使庖人调和而食之,则不可以为庖矣。王伯之君亦然。诛暴而不私,以封天下之贤者,故可以为王伯。若使王伯之君诛暴而私之,则亦不可以为王伯矣。

1. 对下列句子中加点的词的解释,不正确的一项是　　　　　　　　　　　　(　　)

　　A. 日月无私烛也,四时无私行也。　　　　　烛:照耀

　　B. 行其德而万物得遂长焉。　　　　　　　遂:于是

　　C. 尧有子十人,不与其子而授舜。　　　　与:给予

　　D. 不与其子而授禹:至公也。　　　　　　至:极为

2. 对于"忍所私以行大义,钜子可谓公矣"这两句话的理解,正确的一项是　(　　)

　　A. 忍心儿子被杀来维护大义,钜子可说是公平正直了。

B. 容许暗中诛杀来维护大义,钜子可说是秉公裁断了。

C. 忍心儿子被杀来维护大义,钜子可说是秉公裁断了。

D. 容许暗中诛杀来维护大义,钜子可说是公平正直了。

3. 文中内容与开头"天无私覆也,地无私载也"不相呼应的一项是　　　　　（　　）

A. 祁黄羊向晋平公推荐自己的仇人解狐为南阳令。

B. 祁黄羊向晋平公推荐自己的儿子祁午担任尉。

C. 墨者钜子的儿子杀人,反对秦惠王免其死刑。

D. 厨师调和五味,烹制菜肴,自己却不敢食用。

4. 下列对文本相关内容的解说,不正确的一项是　　　　　（　　）

A. 文中的尧是我国传说中远古时期部落联盟的领袖,死后传位给了虞舜。

B. 文中的禹曾奉虞舜之命治理洪水,传说他八年在外,三过家门而不入。

C. 文中的孔子是春秋末期思想家,曾周游列国,劝说诸侯实行仁义,多被采纳。

D. 文中的墨子是战国时期思想家,墨家学派创始人,曾提出兼爱、非攻等主张。

5. 下列对文本思想内容的概括,正确的一项是　　　　　（　　）

A. 赞颂无为而治的思想,崇尚自然,顺应天道而反对斗争。

B. 赞颂仁者爱人的思想,提倡礼治,强调传统的伦常关系。

C. 赞颂大公无私的思想,灭除私欲,主张公正地处理事务。

D. 赞颂以法治国的思想,反对礼制,依据法令而严明赏罚。

文言文阅读理解十二

阅读下面这篇短文,完成第1—5题。

难　一

韩　非

历山之农者侵畔,舜往耕焉,期年甽亩正。河滨之渔者争坻,舜往渔焉,期年而让长。东夷之陶者器苦窳,舜往陶焉,期年而器牢。仲尼叹曰:"耕、渔与陶,非舜官也,而舜往为之者,所以救败也,舜其信仁乎! 乃躬亲处苦而民从之。故曰:圣人之德化乎!"

或问儒者曰:"方此时也,尧安在?"其人曰:"尧为天子。""然则仲尼之圣尧奈何? 圣人明察,在上位,将使天下无奸也,今耕渔不争,陶器不窳,舜又何德而化? 舜之救败也,则是尧有失也。贤舜则去尧之明察,圣尧则去舜之德化,不可两得也。楚人有鬻盾与矛者,誉之曰:'吾盾之坚,物莫能陷也。'又誉其矛:'吾矛之利,于物无不陷也。'或曰:'以子之矛陷子之盾,何如?'其人弗能应也。夫不可陷之盾与无不陷之矛不可同世而立,今尧、舜之不可两誉，矛、盾之说也。且舜救败，期年已一过，三年已三过。<u>舜有尽，寿有尽，天下过无已者</u>；以有尽逐无已，所止者寡矣。赏罚使天下必行之，令曰：'中程者赏，弗中程者诛。'令朝至暮变，暮至朝变，十日而海内毕矣，奚待期年？舜犹不以此说尧令从，己乃躬亲，不亦无术乎！且夫以身为苦而后化民者，尧、舜之所难也；处势而轿下者，庸主之所易也。将治天下，释庸主之所易，道尧、舜之所难，未可与为政也。"

（节选自上海人民出版社《韩非子选》）

1. 下列句子中加点的词的解释，不正确的一项是 　　　　　　　　　　　（　　）

　　A. 舜其信仁乎！　　　　　　　　信：相信

　　B. 躬亲处苦而民从之。　　　　　从：跟随

　　C. 舜又何德而化？　　　　　　　化：感化

　　D. 吾盾之坚，物莫能陷也。　　　陷：刺穿

2. 对"舜有尽，寿有尽，天下过无已者"的理解，正确的一项是 　　　　（　　）

　　A. 舜这样的人总会去世，人的寿命是有限的，天下没有人会长生不老的。

　　B. 舜这样的人总会去世，他的寿命是有限的，而世人的过错是无穷无尽的。

　　C. 舜这样的人是有限的，他的寿命也是有限的，天下又没有人超过他的才能。

　　D. 舜这样的人是有限的，人的寿命也是有限的，而世人的过错是无穷无尽的。

3. 下列不属于韩非指责的"矛盾"现象是 　　　　　　　　　　　　　　（　　）

　　A. 尧之明察与舜之德化

　　B. 以有尽逐无已

　　C. 令朝至暮变，暮至朝变

　　D. 庸主之所易与尧、舜之所难

4. 下列句子最能体现文章主旨的是 　　　　　　　　　　　　　　　　（　　）

　　A. 圣人明察，在上位，将使天下无奸也。

　　B. 赏罚使天下必行之。

　　C. 以身为苦而后化民。

　　D. 处势而轿下。

5. 下列与文章内容相关的表述，不正确的一项是 　　　　　　　　　　（　　）

　　A. 文中体现了集法家之大成的韩非法、术、势相统一的观点。

　　B. 韩非批判了尧、舜、孔子等一脉相承的儒家道统。

　　C. 韩非提出的"矛盾说"在逻辑学方面有重要意义。

　　D. "论难"这种写作方法对于论说类文章的发展做出了贡献。

文言文阅读理解十三

阅读下面这篇短文,完成第1—4题。

诸子十家,其可观者九家*而已,皆起于王道既微,诸侯力政,时君世主,好恶殊方。是以九家之说,蜂出并作,各引一端,崇其所善,以此驰说,取舍诸侯。其言虽殊,譬犹水火,相灭亦相生也;仁之与义,敬之与和,相反而相成也。《易》曰:"天下同归而殊途,一致而百虑。"今异家者,各推所长,穷知究虑,以明其指,虽有蔽短,合其要归,亦六经之支与流裔。使其人遭明王圣主,得其所折中,皆股肱之材已。仲尼有言:"礼失而求诸野。"方今去圣久远,道术缺废,无所更索,彼九家者不犹愈于野乎?若能修六艺之术,而观此九家之言,舍短取长,则可以通万方之略矣。

(节选自《汉书·艺文志·诸子略》)

*十家,指儒、道、阴阳、法、名、墨、纵横、杂、农、小说十家。九家,指除小说家以外的九家。

1. 下列加点字词的解释不正确的一项是 （ ）

   A. 王道既微,诸侯力政。

      政:通"征",征伐。

   B. 穷知究虑,以明其指。

      指:通"旨",宗旨。

   C. 虽有蔽短,合其要归。

      蔽:掩盖。

   D. 方今去圣久远。

      去:离开。

2. 对"道术缺废,无所更索,彼九家者不犹愈于野乎"理解正确的一项是 （ ）

   A. 道术废失,无处追寻,这诸子"九家"的学说不比民间留存的更胜一筹吗?

   B. 道术废失,没有必要去追寻,这诸子"九家"的学说不还存在于民间吗?

   C. 道术废失,无处追寻,这诸子"九家"的学说不还存在于民间吗?

   D. 道术废失,没有必要去追寻,这诸子"九家"的学说不比民间留存的更胜一筹吗?

3. 下列对诸子"九家"的说明与文中观点完全一致的是 （ ）

   A. 诸子"九家"学说和"六经"殊途同归,同等重要。

   B. 统治者对诸子"九家"应该不分轩轾,兼收并蓄。

   C. 统治者对诸子"九家"择善而从,则有助于治国理政。

   D. 诸子"九家"在最终目标与主要内容上都是一致的。

4. 用自己的话说明文中所述诸子十家产生的背景。

四、古诗词鉴赏专项练习

古诗词鉴赏一

阅读下面的宋词,并回答问题。

卜算子
黄州定慧院寓居作
苏 轼

缺月挂疏桐,漏断人初静。谁见幽人独往来?缥缈孤鸿影。

惊起却回头,有恨无人省。拣尽寒枝不肯栖,寂寞沙洲冷。

1. 这首词的上阕,缺月、漏断、初静在全词中起什么作用?

2. 这首词里孤鸿何所指,表现了作者怎样的态度?

3. 词的下阕最后两句表达了怎样的意涵?

古诗词鉴赏二

阅读下面两首唐诗,然后回答问题。

秋夜曲
张仲素

丁丁漏水夜何长,漫漫轻云露月光。
秋逼暗虫通夕响,征衣未寄莫飞霜。

秋思赠远(其一)
王 涯

当年只自守空帷,梦里关山觉别离。
不见乡书传雁足,唯看新月吐蛾眉。

1. 两首诗都写了月亮,作者借天上的月亮分别表达怎样的诗意?

2. 两首诗分别以什么口吻来写的,有什么共同点?

3. "当年只自守空帷,梦里关山觉别离"包含双重对比,请具体说明。

古诗词鉴赏三

阅读下面的宋词,然后回答问题。

摸鱼儿

淳熙己亥,自湖北漕移湖南,同官王正之置酒小山亭,为赋。

辛弃疾

更能消几番风雨? 匆匆春又归去。惜春长怕花开早,何况落红无数。

春且住。见说道、天涯芳草无归路。怨春不语,算只有殷勤,画檐蛛网,尽日惹飞絮。

长门事,准拟佳期又误。蛾眉曾有人妒。千金纵买相如赋,脉脉此情谁诉?

君莫舞。君不见、玉环飞燕皆尘土。闲愁最苦。休去倚危栏,斜阳正在、烟柳断肠处。

1. 这首词用了怎样的修辞手法,表达了怎样的情感?

2. 这首词的上、下阕各写了什么?

3. 词的最后一句"斜阳正在、烟柳断肠处",集中表达了作者怎样的思想感情?

古诗词鉴赏四

读下面的一首宋诗,然后回答问题。

河北民
王安石

河北民,生近二边长苦辛。家家养子学耕织,输与官家事夷狄。今年大旱千里赤,州县仍催给河役。老小相依来就南,南人丰年自无食。悲愁天地白日昏,路傍过者无颜色。汝生不及贞观中,斗粟数钱无兵戎。

1. 这首诗以"河北民"为题,勾画了一幅北宋边民怎样的图景?

2. 这首诗明写"民",暗讽官,请试举一例简要分析之。

3. 整首诗表达了诗人怎样的思想感情?

古诗词鉴赏五

阅读下面一首宋词,然后回答问题。

金陵怀古
王 珪

怀乡访古事悠悠,独上江城满目秋。
一鸟带烟来别渚,数帆和雨下归舟。
潇潇暮吹惊红叶,惨惨寒云压旧楼。
故国凄凉谁与问,人心无复更风流。

[注]王珪(1019—1085),字禹玉,北宋名相、著名文学家。写作此诗时,北宋在与西夏的两次战争中新败。

1. 诗的首联两句在全诗中起怎样的作用? 请简要分析。

2. 请从"景"与"情"的角度赏析这首诗的颔联和颈联。

3. 全诗为什么读来会有浓郁的凄凉感,请试分析。

古诗词鉴赏六

阅读下面这首词,请从作品的思想内容或艺术手法等角度,写一篇 300 字左右的鉴赏文章。

卜算子·咏梅
陆　游

驿外断桥边,寂寞开无主。已是黄昏独自愁,更著风和雨。

无意苦争春,一任群芳妒。零落成泥碾作尘,只有香如故。

古诗词鉴赏七

阅读下面这首词,写一篇250字左右的鉴赏文章。

西江月
辛弃疾

明月别枝惊鹊,清风半夜鸣蝉。稻花香里说丰年,听取蛙声一片。

七八个星天外,两三点雨山前。旧时茅店社林边,路转溪桥忽见。

古诗词鉴赏八

浪淘沙
李　煜

簾外雨潺潺，春意阑珊，罗衾不耐五更寒。梦里不知身是客，一晌贪欢。
独自莫凭栏，无限江山，别时容易见时难。流水落花春去也，天上人间。

1. 这首词表达了作者怎样的情思？

2. 词的上阕用了怎样的写作手法？这样的写法意义何在？

3. 如何理解"流水落花春去也，天上人间"？

古诗词鉴赏九

吴中田妇叹
和贾收韵
苏　轼

今年粳稻熟苦迟，庶见霜风来几时。
霜风来时雨如泻，杷头出菌镰生衣。
眼枯泪尽雨不尽，忍见黄穗卧青泥！
茆苦一月垄上宿，天晴获稻随车归。
汗流肩赪载入市，价贱乞与如糠秕。
卖牛纳税拆屋炊，虑浅不及明年饥。
官今要钱不要米，西北万里招羌儿。
龚黄满朝人更苦，不如却作河伯妇。

1. 诗人如何借"吴中田妇"之口，叹农家生产、生活、生存之艰辛，请试析之。

2. "官今要钱不要米，西北万里招羌儿"反映了怎样的历史事实？

3. 全诗运用了哪些修辞手法？

古诗词鉴赏十

阅读下面这首诗歌,然后回答问题。

山居秋暝
王 维

空山新雨后,天气晚来秋。
明月松间照,清泉石上流。
竹喧归浣女,莲动下渔舟。
随意春芳歇,王孙自可留。

[注] 王孙:原指王侯子孙,此处是作者自谓。

1. 从题材上看,这首诗属于哪一类?

2. 首联的"新"字用得很出色,请简要分析。

3. "明月松间照,清泉石上流"一联在写景上有何特点?

4. 请赏析"竹喧归浣女,莲动下渔舟"一联,字数在 100 字左右。

古诗词鉴赏十一

阅读下面这首诗歌,并从作品的思想感情或艺术手法等角度,写一篇 300 字左右的鉴赏文章。

枫桥夜泊
张　继

月落乌啼霜满天,江枫渔火对愁眠。
姑苏城外寒山寺,夜半钟声到客船。

古诗词鉴赏十二

阅读下列唐诗,回答问题。

感遇十二首之七
张九龄

江南有丹橘,经冬犹绿林。
岂伊地气暖? 自有岁寒心。
可以荐嘉客,奈何阻重深。
运命惟所遇,循环不可寻。
徒言树桃李,此木岂无阴?

1. 这首诗借咏丹橘来抒写自己的怀抱,这是一种什么样的传统表现手法?

2. "岁寒心"出自《论语》中的哪一句话? 它有什么象征意义?

3. 分别说明"可以荐嘉客""运命惟所遇"和"此木岂无阴"中寄寓的作者的思想感情。

古诗词鉴赏十三

阅读下列宋词,回答问题。

太常引
建康中秋夜,为吕叔潜赋
辛弃疾

一轮秋影转金波,飞镜又重磨。把酒问姮娥:被白发欺人奈何?

乘风好去,长空万里,直下看山河。斫去桂婆娑,人道是清光更多。

1. 上片表达作者什么样的感慨? 一、二句与三、四句是什么关系?

2. 具体说明"乘风好去"一句在词中的作用。

3. 说说"斫去桂婆娑,人道是清光更多"的含义;"桂婆娑"喻指什么?

古诗词鉴赏十四

阅读下列唐诗,回答问题。

江 汉
杜 甫

江汉思归客,乾坤一腐儒。
片云天共远,永夜月同孤。
落日心犹壮,秋风病欲苏。
古来存老马,不必取长途。

1. 怎样理解作者自称"乾坤一腐儒"?

2. 从情景交融的角度,具体分析"片云天共远,永夜月同孤"所抒发的思想感情。

3. 诗歌的最后两句化用了哪一个成语?

五、作文专项练习

作文一

1. 请您自拟信息,写一份招聘启事。

要求:(1) 格式正确;

      (2) 信息量充分;

      (3) 语言规范,表达准确;

      (4) 字数在 100 字左右。

2. 根据以下材料,作文一篇。

要求:(1) 题目自拟;

      (2) 文体不限,诗歌除外;

      (3) 结构完整,文从字顺;

      (4) 字数在 800～1000 之间。

大熊猫过生日,吹灭生日蜡烛后,朋友们问它许了什么愿? 大熊猫回答说:"我这一辈子有两个最大的愿望,一个是希望能把我的黑眼圈治好,还有一个是照张彩色照片!"

作文二

1. 滨江市第三中学拟建实验室,需要该市教育局批准,请根据以上信息,代该中学撰写一份请示。

要求:(1) 格式正确;

(2) 充分反映信息,所缺细节内容可自行补充;

(3) 语言符合应用文语体要求;

(4) 字数在 200 左右。

2. 某城市街道失修,一老者骑车重重摔倒。恰有新闻摄影记者路过,见此情景立即举相机拍照。此事引起市民争议:有人提出记者应先救人,有人则以为报道问题更加重要。

请根据以上材料作文一篇。

要求:(1) 题目自拟;

(2) 诗歌除外,文体不限;

(3) 文字通顺,结构完整;

(4) 字数在 800～1000 之间。

作文三

1. 教师节将至,请你以江北学院学生会的名义给本院全体教师写一封节日慰问信。
要求:格式规范,语言得体,字数 200 字左右。

2. 请根据下面三则材料,以"荣誉"为话题作文一篇。

材料 1:我攀登上高峰,发现在荣誉的荒芜不毛的高处,简直找不到遮身之地。我的导引者啊,领导着我在光明逝去之前,进到沉静的山谷里去吧,在那里,生的收获成熟为黄金的智慧。(泰戈尔《飞鸟集》)

材料 2:有一次居里夫人把英国皇家学会奖给她的一枚奖章交给两个女儿玩耍。一位客人见了,惊讶地说:"可不得了啊,这么高贵的奖章,怎么可以随便给孩子玩呢?"居里夫人说:"荣誉只是一个人努力取得成果的记录,奖章就像玩具一样,玩玩就是了,把它像神灵一样奉守着,反而一事无成。"居里夫人没有刻意留给子女荣誉和巨额财产却把不少财产捐给她的实验室。她常告诫女儿:"你们将来必须自谋生活之路。"她的一个女儿后来成为一位卓越的物理学家,一个女儿成为音乐家。

材料 3:据《现代快报》报道:艾冬梅,一个昔日的长跑冠军,由于生计所迫,今年 4 月初表示要出售历年获得的 19 块奖牌,引起社会广泛反响。

要求:(1) 题目自拟;
　　　(2) 文体不限,诗歌除外;
　　　(3) 字数 800 字以上。

作文四

1. 2008 年 2 月,东吴大学艺术学院团委组织募捐活动,筹集人民币 5.2 万元寄给贵州省××县××希望小学,资助该校重建雪灾倒塌的校舍。这一行动在师生中产生较大反响。为此,学校发文予以表彰,并号召全校师生为抗灾多做贡献。请以××大学的名义撰写一份表彰性通报。

要求:格式规范,语言得体,题目自拟,字数在 300 左右。

2. 请根据下面两则材料,自拟题目,撰写一篇 800 字以上的文章。诗歌除外,文体不限。

材料一:居里夫人和比埃尔·居里新婚燕尔,搬进了五层楼的三间小屋。他们的会客室里,只摆着一张简单的餐桌和两把椅子。后来,居里的父亲来信对他们说,准备送给他们一套家具,问他们需要什么样的家具。看完信后,居里若有所思地说:"有了沙发和软椅,就需要有人打扫,在这方面花费时间未免太可惜了。"就对新婚妻子说:"我们只有两把椅子,再添一把怎么样? 客人来了可以坐坐。"居里夫人提出反对意见:"要是爱闲谈的客人坐下来,又怎么办呢?"最终,他们还是没有添置任何家具。

材料二:钱锺书一生深居简出,他曾拒绝美国普林斯顿大学的重金聘请,拒领法国政府授予的勋章,拒做客《东方之子》。一次,英国女王访问中国,国宴陪客名单上点名请钱锺书,他竟称病推辞。事后,有人私下问及此事时,钱锺书道:"没有时间,也没有什么可说的。"

作文五

1. ××市职业技术学院教学主楼的扩建工程需要砍伐 10 棵已生长 15 年以上的桂花树。但是按规定必须获得本市园林局的批准。为此,学院向市园林局行文请求批准。园林局收文后经过调研,给予基本同意的复文。

请你分别以××市职业技术学院、××市园林局的名义,撰写这两份公文。行文要规范,材料不足可以适当补充,正文总字数控制在 350 字以内。

2. 请根据下面的一则材料,自拟题目,撰写一篇 800 字以上的文章。诗歌除外,文体不限。

中央电视台 2009 年 4 月 27 日报道,辽宁锦州青年蔡伟 1991 年高中毕业后,当过工人,蹬过三轮车。在工作之余,蔡伟坚持自学,尤其专心致志于他所热爱的古文字学。20 年里,他克服重重困难,终于学有所成。1997 年来,他所发表的古文字学研究论文引起了国内有关专家的注意,并建议他报考研究生。但是,按照我国的学位制度,高中学历不可以直接报考研究生。为了进一步考查蔡伟在专业研究上的能力和素养,复旦大学在 2008 年特邀蔡伟参与了马王堆古文献整理项目。2009 年,复旦大学向国家教育部提出申请,希望特批蔡伟破格报考复旦大学的博士研究生,复旦大学二位资深古文字研究专家也同时为蔡伟写了推荐信。2009 年 4 月,蔡伟以优异成绩通过了初试。这不但是复旦大学校史上,也是我国自 20 世纪 80 年代建立学位制度以来,直接以高中学历报考博士的第一人。

作文六

1. 2010 年 4 月 5 日，《金陵晚报》刊载一则招聘信息:江苏中航公司招聘具有本科以上学历的人员 5 名,其中办公室主任助理 1 名、日语翻译 1 名、秘书 1 名、公关部公关员 2 名。

   请你以本科毕业生的名义撰写一封自荐信。(30 分)

   要求:(1) 文体规范,语言得体,不超过 300 字。

   (2) 文中不得出现与考生有关的信息,如确需使用学校名称、本人姓名等,请用"××"代替。

2. 春天是一年的起点,清晨是一天的起点,它们都孕育着新的希望和无限的可能。参天大树的起点是柔弱的嫩芽,翱翔的飞机的起点是笔直的跑道,漫漫人生的起点是清脆的啼哭。马拉松长跑有起点,万丈高楼有起点……自然、社会、人生,处处有起点。

   请以"起点"为话题,题目自拟,撰写一篇 800 字左右的文章,文体不限,诗歌除外。

作文七

1. 网络时代给人们的生活带来了不小的变化，一批网络用语也随之进入人们的日常口语甚至青少年的作文中。这种现象引起了国家有关部门和一部分语言文字工作者的关注。

请你以一名在校大学生的身份，就网络语言的使用情况设计一份调查报告提纲，并于重要部分加以适当的阐述。

要求：(1) 300 字以内。

    (2) 文中不得出现与考生有关的信息，如确需使用人名、校名等时，请用"××"代替。

2. 人类总是在危机中前行，生态危机和社会危机彼伏此起。历史上的许多危机尚未完全淡出我们的记忆，现实中的各种危机又接踵而至：人际危机、感情危机、健康危机、学业危机、就业危机……

面对危机，我们不应听天由命，顺其自然，而要迎难而上，化"危"为"机"。

请以"直面危机"为标题，联系自身实际，用现代汉语撰写一篇 800 字左右的文章，除诗歌以外，其他文体不限。

作文八

1. ××学校2012年毕业典礼召开在即,需要一名毕业生代表在大会上致感谢词。请以这名代表的身份写一篇致谢词。

要求:(1) 文体规范,语言得体,字数在250字左右。

(2) 文中不得出现与考生相关的信息,如涉及校名、人名等,请用××代替。

2. 阳春三月,百草滋荣。莺鸣士咏,物我情融。

我们向往真情社会,友善人生;也应敬畏自然,珍爱一切生命。

请你以"物我皆有情"为题目,自定立意,撰写一篇800字左右的文章。诗歌以外,文体不限。

作文九

1. ××学校 2012 年毕业典礼召开在即,需要一名毕业生代表在大会上致感谢词。请以这名代表的身份写一篇致谢词。

要求:(1) 文体规范,语言得体,字数在 250 字左右。

　　　(2) 文中不得出现与考生相关的信息,如涉及校名、人名等,请用××代替。

2. 在现实生活中,有的人内敛含蓄,不求闻达;有的人个性张扬,长于表现。人不同,做事的风格抑或不同。

请你以"高调与低调"为题目,自选角度,自定立意,撰写一篇 800 字左右的文章。诗歌之外,文体不限。

作文十

1. 请以××大学学生会的名义给全校学生写一篇主题为"提倡节约，反对浪费"的倡议书。

要求：(1) 文体规范，语言得体，字数在 300 字左右。

(2) 文中不得出现与考生相关的信息，如涉及校名、人名等，请用××代替。

2. 规范就是约定俗成或明文规定的标准。孟子说："不以规矩，不能成方圆。"人的成长和社会进步的过程也是遵守和执行规范的过程。法律是明文规定的规范，而道德则更多是约定俗成的规范。法律的规范有据可依，而道德的规范是一种"无言"的力量。请以"说'规范'"为题目，自选角度，自定立意，撰写一篇 800 字左右的议论文。

作文十一

1. 某高校学生会拟招募文学社、书法社、集邮社、舞蹈社和篮球社新成员。请结合你自己的实际情况,任选其中一个社团,写一份入社申请书。

   要求:(1) 文体规范,语言得体,理由充分;字数 300 字左右。

   (2) 文中不得出现与考生相关的信息,如涉及校名、人名,请用××代替。

2. 林则徐任两广总督查禁鸦片期间,曾在自己府衙中悬挂一副对联:"海纳百川有容乃大;壁立千仞无欲则刚。"意思是说,大海能够容纳百川,因为它具有宽广的胸怀;绝壁能够直立千丈,因为它没有过分的欲望。

   仔细体会这副对联的深刻寓意,自选角度,自定立意,自拟标题,联系实际,写一篇不少于 800 字的议论文。

作文十二

1. 某高校团委定于 2015 年 5 月举办以"阅读，提升自我"为主题的系列活动。请你以××社团的名义为该活动撰写一份 300 字左右的策划书。

要求：(1) 内容充实，文体规范，语言得体；

(2) 文中不得出现与考生相关的信息，如涉及校名、人名等，请用××代替。

2. 请围绕"净化"这个话题，自拟题目，自选角度和立意，写一篇 800 字左右的文章，除诗歌外，文体不限。

作文十三

1. 某高校根据国家"志愿服务计划"要求,在学生自愿申请、学校审核的基础上,选派 5 名学生去青海玉树地区支援半年,出发前拟举行"热血铸青春,青春西部行"欢送仪式。请你以某高校团委的名义撰写一份 300 字左右的欢送词。

要求:(1) 内容充实,文体规范,语言得体;

(2) 文中不得出现与本人相关的信息。

2. 无花果,不见花,但果实累累;桃树李树,繁花一片,既有花又有果;夹竹桃,只有花不见果。

根据以上材料,写一篇不少于 800 字的文章。

要求:(1) 自选角度,自定立意,自拟题目。

(2) 除诗歌外,文体不限。

参考答案

一、语文知识专项练习

语文知识一

1.【答案】D。

【解析】"蓬筚生辉"应为"蓬荜生辉"。蓬荜:编蓬草、荆竹为门,形容穷苦人家;"磬竹难书"应为"罄竹难书";"断壁颓桓"应为"断壁颓垣"。

2.【答案】C。

【解析】《红与黑》的作者是法国人。

3.【答案】D。

【解析】《包身工》的体裁是报告文学,不是小说。

4.【答案】A。

【解析】岑参是盛唐诗人,不是晚唐诗人;朱熹是思想家、宋代理学的集大成者,不是文艺批评家;《诚意伯文集》的作者是刘基,不是宋濂。

5.【答案】B。

【解析】巴金的"爱情三部曲"应该是《雾》《雨》《电》;《家》《春》《秋》是巴金的"激流三部曲"。

6.【答案】C。

【解析】《关汉卿》是著名剧作家田汉为纪念《窦娥冤》创作 700 周年而创作的剧本。

7.【答案】A。

【解析】《望天门山》是李白的七言绝句,不是古体诗。

8.【答案】C。

【解析】文学理论批评家刘勰是南梁时代的人,非五代人。

9.【答案】C。

【解析】"白菜"是主语,"五毛钱一斤"是谓语,"五毛钱一斤"是名词性短语。

10.【答案】B。

【解析】律诗一共八句。两句一联,可分为四联。依次为首联、颔联、颈联和尾联。

11.【答案】B。

【解析】《史记》除了本纪、书、世家和列传,还有"表"。

12.【答案】B。

【解析】《滕王阁序》是骈文,不是诗歌。

13.【答案】C。

【解析】《鲁滨逊漂流记》的作者是英国作家丹尼尔·笛福;《基督山伯爵》的作者是法国作家大仲马;《百万英镑》的作者是美国作家马克·吐温。

14.【答案】B。

【解析】莎士比亚的四大悲剧应该是《哈姆雷特》《奥赛罗》《李尔王》和《麦克白》。

15.【答案】D。

【解析】《出师表》中的"表"应该是上呈皇帝的奏章。

语文知识二

1.【答案】C。

【解析】"残无人道"应为"惨无人道";"穿流不息"应为"川流不息";"莫不关心"应为"漠不关心"。

2.【答案】D。

【解析】"葡萄"是单纯词,其他皆为偏正关系的合成词。

3.【答案】A。

【解析】月上树梢头,人约黄昏后——欧阳修——《生查子》;想当年,金戈铁马,气吞万里如虎——辛弃疾——《永遇乐·京口北固亭怀古》;安得广厦千万间,大庇天下寒士俱欢颜——杜甫——《茅屋为秋风所破歌》;春风得意马蹄疾,一日看尽长安花——孟郊——《登科后》。

4.【答案】A。

【解析】司马迁的《史记》记述了传说中的三皇五帝到汉武帝时代的历史,而非到西汉末年的历史,是中国第一部通史。

5.【答案】B。

【解析】宋词的豪放派代表人物是苏轼、辛弃疾,婉约派代表是李清照、柳永、秦观;辛弃疾,字幼安,而非易安;温庭筠是花间派词人的代表人物,但他是晚唐词人,非宋代词人,新旧《唐书》中有其传。

6.【答案】B。

【解析】阮籍能作青白眼;谢公指谢灵运;杜牧曾在扬州作《遣怀》一诗,有"十年一觉扬州梦,赢得青楼薄幸名"之叹;陶渊明是田园诗人的代表。

7.【答案】C。

【解析】《高老头》——巴尔扎克——法国——长篇小说;《装在套子里的人》——契诃夫——俄国——短篇小说;《堂·吉诃德》——塞万提斯——西班牙——长篇小说

8.【答案】C。

【解析】《六国论》——苏洵——宋朝——史论;《劝学》——荀子——先秦——议论性散文;《废都》——贾平凹——当代——长篇小说。

9.【答案】B。

【解析】《雷雨》是曹禺创作的话剧。

10.【答案】D。

【解析】略。

11.【答案】D。

【解析】这里的江东是指长江下游以南地区。

12.【答案】D。

【解析】李伯元的《官场现形记》、吴趼人的《二十年目睹之怪现状》、刘鹗的《老残游记》和曾朴的《孽海花》合称晚清四大谴责小说。

13.【答案】D。

【解析】《皇帝的新衣》是安徒生的童话作品;《奥赛罗》是莎士比亚剧作;《格林童话》是德国籍作家

格林兄弟共同收集出版。

14.【答案】C。

【解析】《堂·吉诃德》是西班牙作家的小说。

15.【答案】C。

【解析】第一联,赞扬诗人屈原,称颂屈原具有深邃的思想,高超的举动,洁白的品格,又是楚国的忠臣、名士,他投汨罗江而死,感天动地,汨罗江上刮起万年不息的悲愤之风。第二联由郭沫若题于江油李白纪念馆。"酌酒花间"出自李白的一首诗《月下独酌》诗"花间一壶酒,独酌无相亲";"磨针石上"指的是典故"铁杵磨成针","倚剑天外"典出李白《发白马》"倚剑登燕然,边烽列嵯峨"诗句。第三联出自马公愚题李清照纪念堂。校碑:指李与赵校订金石碑文之事。第四联,杜甫因为三吏三别故称"诗史",曾客居成都浣花溪边草堂,又自号"少陵野花"。此联三处用典,是四川省花都浣花溪杜甫草堂的对联。

语文知识三

1.【答案】C。

【解析】"心余力诎"应为"心余力绌";"绚私舞弊"应为"徇私舞弊";"陈词烂调"应为"陈词滥调"。

2.【答案】D。

【解析】宾语是一个句子。

3.【答案】D。

【解析】"毫无例外"多余;"投诉《人间指南》编辑部"与"雇主的歧视与侮辱"逻辑关系混淆,主语被偷换了。"对这次成功的演出给予了很高的评价"可以改为"成功的演出得到群众很高的评价"。

4.【答案】D。

【解析】函适用于不相隶属机关之间商洽工作、询问和答复问题,请求批准和答复审批事项。

5.【答案】B。

【解析】《朝花夕拾》是散文集,不是小说;《围城》是著名作家钱锺书先生的作品;《屈原》是郭沫若的作品。

6.【答案】C。

【解析】"文化大革命"结束后,最早出现的是"伤痕文学",如刘心武的《班主任》,卢新华的《伤痕》等。

7.【答案】A。

【解析】长风破浪会有时,只挂云帆济沧海——《行路难》——李白;劝君更尽一杯酒,西出阳关无故人——《送元二使安西》——王维;历览前贤国与家,成由勤俭败由奢——《咏史》——李商隐;天长地久有时尽,此恨绵绵无绝期——《长恨歌》——白居易。

8.【答案】C。

【解析】词是古代诗歌的一种,起于梁代,形成于唐代,极盛于宋代。

9.【答案】C。

【解析】诗出宋赵师秀《约客》诗,全诗:"黄梅时节家家雨,青草池塘处处蛙。有约不来过夜半,闲敲棋子落灯花。"

10.【答案】A。

【解析】米隆老爹——《米隆老爹》——莫泊桑——法国;姚纳——《苦恼》——契诃夫——俄国;乞乞科夫——《死魂灵》——果戈理——俄国。

11.【答案】A。

【解析】今天行政区划只保留了县和省。

12.【答案】A。

【解析】宋词小令是词调体式之一,与元曲小令不同。元曲小令是散曲的一种,等于一首单调的词。

13.【答案】C。

【解析】《吉檀迦利》是印度作家泰戈尔的诗作;《王贵与李香香》的作者是中国诗人李季;"春秋"是时代,依照逻辑对应关系,应改为"中国"。

14.【答案】C。

【解析】初唐四杰为:王勃、杨炯、卢照邻和骆宾王。四书为:《大学》《中庸》《论语》《孟子》。《聊斋志异》是文言小说。

15.【答案】A。

【解析】《诗经》搜集了公元前8世纪到前6世纪的古代诗歌。律诗每首八句,共分四联,依次为首联、颔联、颈联和尾联;元曲包括杂剧和散曲。

语文知识四

1.【答案】C。

【解析】"知迷不悟"应为"执迷不悟";"宏福齐天"应为"洪福齐天";"一愁莫展"应为"一筹莫展"。

2.【答案】B。

【解析】这里"颜色"是指采取的行动。

3.【答案】C。

【解析】A、B、D都存在歧义,两种含义。分别为:刘校长不认识很多人,或很多人不认识刘校长;他"会"讲很多笑话,所以讲不完,或是有关"他"的笑话很多,讲不完;三个老师联手提出建议,或是三个老师分别提出建议。是刘校长不认识许多人,还是许多人不认识刘校长,两者似均可;"他"会讲笑话,所以笑话讲不完,还是有关"他"的笑话讲不完? 是三个老师联手提出建议还是三个老师各自提出建议?

4.【答案】D。

【解析】虽然……但是;如果……就,注意固定搭配。

5.【答案】B。

【解析】《资治通鉴》——司马光——北宋——编年体通史;《东坡乐府》——苏轼——北宋——词集;《桃花扇》——孔尚任——清代——历史剧。

6.【答案】D。

【解析】陈子昂不是"初唐四杰","初唐四杰"是:王勃、杨炯、卢照邻和骆宾王;陶渊明是田园诗的开创者,谢灵运是山水诗的开创者;《金瓶梅》是我国第一部由文人独创的率先以市井人物与世俗风情为描写中心的长篇小说。

7.【答案】C。

【解析】《琵琶记》——戏剧——赵五娘——劳动妇女;《白兔记》——戏剧——李三娘——劳动妇女;《水浒传》——小说——扈三娘——梁山女将。

8.【答案】B。

【解析】虎妞——《骆驼祥子》——老舍;赵伯韬——《子夜》——茅盾;高觉民——《家》——巴金。

9.【答案】A。

【解析】陈奂生是作家高晓声创作的小说《陈奂生上城》中的人物。

10.【答案】B。

【解析】《荷马史诗》包括《伊利亚特》和《奥德赛》两部史诗,取材于公元前 12 世纪发生的特洛伊战争的历史事件;莫里哀是法国喜剧作家,其代表作有《伪君子》和《吝啬鬼》;《茶花女》是小仲马的作品,不是大仲马的代表作。

11.【答案】B。

【解析】古代尊对卑称名;下对上、卑对尊称字。

12.【答案】C。

【解析】塞万提斯是西班牙作家;《战争与和平》的作者是列夫·托尔斯泰;萨特是法国作家。

13.【答案】B。

【解析】律诗和绝句都是近体诗。

14.【答案】A。

【解析】鲁迅写的第一篇白话小说是《狂人日记》。

15.【答案】B。

【解析】格林兄弟是德国人。

语文知识五

1.【答案】D。

【解析】"一曝(bào)十寒"应为"一曝(pù)十寒";"遒劲(jìn)有力"应为"遒劲(jìng)有力";"酗(xiōng)酒滋事"应为"酗(xù)酒滋事"。

2.【答案】B。

【解析】久而弥笃(坚定);陈陈相因(沿袭);好高骛(追求)远。

3.【答案】B。

【解析】四个成语中只有"正本清源"是并列结构,其余都是偏正结构。

4.【答案】A。

【解析】其余是复合句。"(哪怕,即使)天下雨,我也要去";"(只要)一见到困难,(他)就害怕";"(如果)不认真观察和研究客观事物,就发现不了它们内在的活动规律"。

5.【答案】D。

【解析】"船头飞溅起来的浪花,唱着欢乐的歌"是拟人手法,其余用的是比喻手法。

6.【答案】A。

【解析】应为"陶渊明——'古今隐逸诗人之宗'——《归园田居》——东晋"。

7.【答案】D。

【解析】郑光祖的元曲作品是《迷青琐倩女离魂》或《倩女离魂》,而非《倩女幽魂》;《女娲补天》、《共工怒触不周山》见于《山海经》,《夸父逐日》见于《淮南子》,《盘古开天地》则不见于《山海经》或《淮南子》;"初唐四杰"是:王勃、杨炯、卢照邻和骆宾王,没有王粲。

8.【答案】C。

【解析】《李有才板话》是赵树理的作品;《野草》是鲁迅先生的散文诗集;巴金的《激流三部曲》是《家》《春》《秋》,《雾》《雨》《电》是巴金的《爱情三部曲》。

9.【答案】C。

【解析】"伤痕文学"以卢新华的小说《伤痕》得名;《面朝大海,春暖花开》是诗人海子的代表作品之一;《我与地坛》是长篇哲思抒情散文,不是小说。

10.【答案】B。

【解析】拉伯雷的代表作是《巨人传》。

11.【答案】A。

【解析】B应句读为:以为圣贤所言皆无非,精专讲习,不知难问。C应句读为:夫拜谒,礼仪之效,非益身之实也。D应句读为:且夫天者,气耶? 体也?

12.【答案】B。

【解析】绝句分律绝和古绝。律绝要求平仄,古绝并不要求平仄和谐。

13.【答案】B。

【解析】"桐城派"是清代散文流派,代表人物主要有戴名世、方苞、刘大櫆和姚鼐等。

14.【答案】B。

【解析】《阴谋与爱情》是德国18世纪杰出戏剧作家席勒的名作;《丧钟为谁而鸣》是美国作家海明威的长篇小说;《猎人笔记》是屠格涅夫的长篇小说。

15.【答案】B。

【解析】安徒生是丹麦作家。

语文知识六

1.【答案】C。

【解析】A项中"靡(mǐ)丽","谜语、糜烂、麋鹿"都读 mí。

B项中"掮客(qián)",指为买主与卖主之间签订买卖契约(合同)收取手续费或佣金的人。也借指投机的政客,含贬义。"阡陌、扦插、迁就"读音都读为 qiān。

C项正确,都读 quán。

D项中骨髓(suǐ),"绥靖、半身不遂、随心所欲"都读为 suí。

2.【答案】D。

【解析】A项的"异曲同功"应当是"异曲同工"。

B项中"相形见拙"应当是"相(xiāng)形见绌(chù)"。

C项中"宽洪大量"的"洪"应当是"宏",宽宏大量。

3.【答案】B。

【解析】A项中"数典忘祖",数:数着说;典:指历来的制度、事迹。谈论历来的制度、事迹时,把自己祖先的职守都忘了。比喻忘本,也比喻对于本国历史的无知。

C项中"夙兴夜寐",夙:早;兴:起来;寐:睡。早起晚睡,形容勤奋。

D项中"殒(yǔn)身不恤(xù)",殒:牺牲;恤:顾惜。牺牲生命也不顾惜。

4.【答案】A。

【解析】① 借代,是一种说话或写文章时不直接说出所要表达的人或事物,而是借用与它密切相关的人或事物来代替的修辞方法。

② 借喻,比喻之一,是以喻体来代替本体,本体和喻词都不出现,直接把甲(本体)说成乙(喻体)。

③ 拟物(比拟的一种),把人当作物,或把此物当作彼物来写的修辞方式,叫作拟物。

5.【答案】B。

【解析】B句一是动宾搭配不当,"提高学生的素质教育"应删去"教育"。其余正确。

6.【答案】A。

【解析】干支纪年是中国古代的一种纪年法,即以甲、乙、丙、丁、戊、己、庚、辛、壬、癸(guǐ)十天干和子、丑、寅、卯、辰、巳、午、未、申、酉、戌、亥十二地支按照顺序组合起来纪年。如甲子、乙丑等,经过六十年又回到甲子。

7.【答案】C。

【解析】(1)出自(宋)范仲淹的《苏幕遮·碧云天》。

(2)出自(唐)孟浩然的诗《宿建德江》,是一首描绘秋江暮色的诗。

(3)出自(宋)晏几道的《临江仙·梦后楼台高锁》。

(4)出自北宋秦观的《鹊桥仙·纤云弄巧》,是借牛郎织女的传说歌颂坚贞爱情的优秀词作。

8.【答案】B。

【解析】A项纪君祥的元杂剧《赵氏孤儿》,全名《冤报冤赵氏孤儿》,又名《赵氏孤儿大报仇》,是一部历史剧。

C项归有光,江苏昆山人,明代散文家,字熙甫,别号震川,又号项脊生,是"唐宋八大家"与清代"桐城派"之间的桥梁,被称为"唐宋派"。

D项纪昀,字晓岚,清代文学家。

9.【答案】D。

【解析】A项楚辞又称"楚词",是战国时代的伟大诗人屈原创造的一种诗体。

B项拟话本是中国古典小说的一种,是由明末文人模仿话本形式编写的白话短篇小说,即鲁迅称之为"拟宋市人小说"的作品。

C项古体诗一般又叫古风,这是依照古诗的作法写的,形式比较自由,不受格律的束缚。

10.【答案】A。

【解析】B项朱熹,写下了"问渠哪得清如许,为有源头活水来"(《观书有感》)的著名诗句。

C项柳永,北宋词人,婉约派最具代表性的人物之一,"今宵酒醒何处,杨柳岸晓风残月"是他的词《雨霖铃》中的名句。

D项陆游,"出师一表真名世,千载谁堪伯仲间"是他的诗《书愤》中的名句。

11.【答案】C。

【解析】A项"二十四史"中前四史依次为:西汉司马迁的《史记》、东汉班固的《汉书》、南朝宋范晔的《后汉书》、西晋陈寿的《三国志》。

B项《论语》、《大学》、《中庸》、《孟子》的合称"四书"。

D项中清末四大谴责小说,即李宝嘉《官场现形记》、吴沃尧《二十年目睹之怪现状》、刘鹗《老残游记》和曾朴《孽海花》。

12.【答案】B。

【解析】A项"三教",指的是儒、道、佛(释)三家。

B项所谓的"五色土"是指青、红、白、黑、黄五种颜色的土。

C项古代室内最尊的座次是坐西面东,其次是坐北向南,再次是坐南面北,最卑是坐东面西。

D项:(1)拜。用一定的礼仪授予某种官职或名位。(2)除。拜官授职。

13.【答案】A。

【解析】B项周作人,与鲁迅、林语堂等创办《语丝》周刊,20世纪30年代和林语堂一起鼓吹"闲适幽默"小品。

C项《白杨礼赞》是茅盾的散文。

D项艾青1936年创作第一本诗集《大堰河》,抗战期间创作了《黎明的通知》等诗集。

14.【答案】D。

【解析】A项宗璞,当代女作家,原名冯钟璞,祖籍河南,生在北京。著名哲学家冯友兰先生之女。

B项《我们肚子里的食客》,既是实体事物说明文,按照空间顺序,对人体有严重危害的六类细菌称为"刺客",又具有浓厚的文学色彩。

C项文化散文代表余秋雨,著有系列散文集《文化苦旅》共31篇,以《都江堰》最短。叶圣陶,《苏州园林》一文采用由总到分、由主到次的说明顺序,通过做比较、举例子的说明方法来介绍苏州园林的布局是我国各地园林的标本,各地园林或多或少都受到苏州园林的影响。

15.【答案】C。

【解析】A项,荷马(Homer)是古希腊最著名和最伟大的诗人。《荷马史诗》由盲人荷马加工整理而成,它是古希腊最伟大的作品,包括两部长篇史诗《伊利亚特》和《奥德赛》的统称。

B项巴尔扎克是法国批判现实主义文学的奠基人和杰出代表,他创作的《人间喜剧》共91部小说,写了2 400多个人物,充分展示了19世纪上半叶法国社会生活,是人类文学史上罕见的文学丰碑,被称为法国社会的"百科全书"。

C项莎士比亚,英国文艺复兴时期伟大的剧作家、诗人,欧洲文艺复兴时期人文主义文学的集大成者。代表作有四大悲剧:《哈姆雷特》、《奥赛罗》、《李尔王》、《麦克白》。其中《哈姆雷特》又名《王子复仇记》,写的是丹麦王子哈姆雷特为父报仇的故事,复仇的故事中交织着爱恨情愁。同时,哈姆雷特也是该剧主人公丹麦王子的名字。

D项果戈理,俄国19世纪前半叶最优秀的讽刺作家、讽刺文学流派的开拓者、批判现实主义文学的奠基人之一。他最著名的作品是《死魂灵》、《钦差大臣》。

语文知识七

1.【答案】B。

【解析】A项滇池 diān:素有"高原明珠"之美称的淡水湖,是昆明风景名胜的中心。癫狂、颠簸都是 diān。白癜风 diàn:皮肤生斑点后变白色的皮肤病名。

B项晕车、愠色、酝酿、熨斗都读 yùn。

C项慰藉 jiè:安慰、抚慰。嫉妒 jí dù。

D项血泊 xuè、血压 xuè、献血 xiě、血汗 xuè。

2.【答案】A。

【解析】B项"发轫"当为"发轫(rèn)"。

C项"倾刻"当为"顷刻(qǐng)"。

D项"额首称庆"当为"额手称庆"。

3.【答案】B。

【解析】A项秣马厉兵:喂饱马匹,磨快兵器。喻指准备作战或比赛。厉:磨("厉",古同"砺")。兵:兵器。秣:喂养。因循守旧:死守老一套,缺乏创新的精神。因循:沿袭;守旧:死守老的一套。良莠(yǒu)不齐:好人坏人都有,混杂在一起。莠:狗尾草,很像谷子,常混在禾苗中。

C项无耻谰(lán)言:指不知羞耻的无赖话。谰言:诬蔑、抵赖的话,毫无根据的话。"谰"不能解释为"吹嘘"。力能扛(gāng)鼎:形容力气特别大。亦比喻笔力雄健。扛:用双手举起沉重的东西;鼎:三足两耳的青铜器。

D项焚膏继晷(guǐ):点上油灯,接续日光。形容勤奋地工作或学习。焚:燃烧;膏:油脂,指灯烛;继:继续,接替;晷:日影或者指一种古代的计时工具。"晷"不能解释为"月影"。管窥蠡(lí)测:从竹管里看天,用瓢测量海水。比喻对事物的观察和了解很狭窄,很片面。管:竹管;蠡:贝壳做的瓢。窥:从小孔向外看。

4.【答案】C。

【解析】A句出自余光中的散文《听听那冷雨》,比喻修辞类的暗喻,比喻词为"是",把抽象的思想比喻是天地一样潮湿,形象生动。

B句出自元代诗人萨都剌的词《百字令·登石头城》,比喻修辞类的明喻,本体为"白骨",比喻词为"如",喻体为"雪"。

C句出自余秋雨的散文《都江堰》,拟人修辞,都江堰当作只知奉献的乡间母亲,物化为人来写突出都江堰与长城的不同品格。

D项出自英国戏剧家萧伯纳的散文《贝多芬百年祭》,拟物修辞,把贝多芬的容颜比拟为一头苍熊,但其精神是未经驯服的熊崽子。

5.【答案】B。

【解析】A项"总产量"可以和"递增"搭配,但是和"发展"搭配不当,应该为"提高"。

B项出自《荀子·天论》,句中虚词"而"表示并列关系。译为:加强农业这个根本,同时节约费用,那么天就不能使他贫穷。

C项出自《左传·隐公六年》,这里是通假字,通"悟",倒着。"寤生"就是倒生,胎儿诞生的时候头先出来,庄公出生的时候脚却先出来,所以"惊姜氏"。

D项前一句话出自《左传·僖公四年》,翻译为:楚国就把方城当作城墙,把汉水当作护城河,正确语序是"楚国以方城为城,以汉水为池",方城、汉水做宾语要前置;后一句话出自《庄子·逍遥游》,正确语序为"彼且适奚也?","奚"作为疑问代词"什么",是"适"的宾语,要前置。翻译为:它将飞往什么地方呢?

6.【答案】A。

【解析】A项乡试是明、清时在各省省城(包括京城)举行的科举考试,照例每三年(不是两年)举行一次。凡获秀才身份的府、州、县学生员(秀才)、监生、贡生均可参加。考试通常安排在八月举行,因此叫"秋闱(闱,考场)"。按四书五经、策问和诗赋分三场进行考试,每场考三天。考中的称为"举人",头名举人称"解元"。中了举人便具备了做官的资格。

7.【答案】D。

【解析】A项"海上生明月,天涯共此时"出自唐代张九龄《望月怀远》。

B项"羌笛何须怨杨柳,春风不度玉门关"出自唐代王之涣《凉州词》。

C项"衣带渐宽终不悔,为伊消得人憔悴"出自南宋柳永《蝶恋花》。

D项"花自飘零水自流,一种相思,两处闲愁"出自宋代李清照《一剪梅》。

8.【答案】D。

【解析】A项《赵氏孤儿》作者是元代纪君祥。

B项张养浩,元代著名散曲家,代表作有散曲小令《山坡羊·潼关怀古》等。

C项晚清谴责小说家李伯元。

9.【答案】B。

【解析】B项阮籍(210—263),三国魏诗人,不是南北朝人。

10.【答案】C。

【解析】A项建安是东汉末年汉献帝的年号,公元196—220年。

B项"唐宋八大家"是唐代的韩愈、柳宗元和宋代的苏洵、苏轼、苏辙、欧阳修、王安石、曾巩。白居易是中唐代提倡"新乐府"诗歌的诗人。

D项清代初年,剧坛出现了洪昇和孔尚任两位著名的传奇剧作家。

11.【答案】A。

【解析】B项寒食节在冬至后一百零五日,清明节前一二日。

C项孝悌(tì):孝,指孝顺父母;悌,指敬爱兄长。

D项古代祭祀用羊、豕(猪)各一头,叫作"少牢"。

12.【答案】B。

通告是在一定范围内公布应当遵守或周知事项时使用的文体,其主要特点是知照性、专业性、约束力。适用于公布社会各有关方面应当遵守或者周知的事项。

13.【答案】C。

【解析】A项话剧《茶馆》的作者是老舍。

B项《狂人日记》是中国第一部现代白话文小说。

D项《沉沦》是作者在日本留学时情感和思想的写照。

14.【答案】B。

【解析】A项20世纪80年代中期,被称为第一篇"真正具有现代派小说味"的作品是刘索拉的《你别无选择》。

C项"新写实主义小说"开端于20世纪80年代中后期。

D项"三只报春的燕子":白桦的剧本《曙光》,刘心武的短篇小说《班主任》,徐迟的报告文学《哥德巴赫猜想》。

15.【答案】A。

【解析】B项《静静的顿河》是苏联著名作家肖洛霍夫的作品。

C项拉伯雷,文艺复兴时期法国人。

D项《呼啸山庄》是英国女作家艾米莉·勃朗特的作品。

语文知识八

1.【答案】C。

【解析】C项全部读 qiǎng。

A项骨髓(suǐ),隧道(suì),遂愿(suì),随意(suí)。

B项殷切(yīn),殷红(yān),荫庇(yìn),阴凉(yīn)。

D项褪色(shǎi),其他都读 sè。

2.【答案】D。

【解析】A项"束之高搁"应为"束之高阁"。B项"越姐代疱"应为"越俎代疱"。

C项"声名雀起"当为"声名鹊起","暗然泪下"当为"黯然泪下"。

3.【答案】B。

【解析】A项相濡以沫:沾湿;拾级而上:逐级登阶;再接再厉:磨快,引申为奋勉,努力。

C项胶柱鼓瑟:瑟上调节声音的短木。

D项颇有微词:隐含批评和不满的话语。

4.【答案】C。

【解析】A句:只能是"电影"而不能是"电影周""上映"。

B句"楚不用吴起而削乱,秦行商鞅而富强"中的"而"表示因果。

C句"敢问夫子恶乎长"中"乎"是宾语前置的标志词,"长"是动词擅长的意思,"恶"指"什么""哪方面"的意思,作宾语。

D项"是故质的张而弓矢至焉,林木茂而斧斤至焉"中的"焉"意为"那里"。

5.【答案】B。

【解析】A:古代五礼应为——吉礼,凶礼,军礼,宾礼和嘉礼。C:顿首,指磕头。古代汉族的一种交际礼仪。跪拜礼之一,为正拜。以头叩地即举而不停留。D:鹿鸣宴不是朝廷宴请,是地方宴请新科举子的活动。

6.【答案】A。

【解析】"江天一色无纤尘,皎皎空中孤月轮"出自张若虚《春江花月夜》;"白日放歌须纵酒,青春作伴好还乡"出自杜甫《闻官军收河南河北》;"鸡声茅店月,人迹板桥霜"出自温庭筠《商山早行》;"倩何人、唤取红巾翠袖,揾英雄泪"出自辛弃疾《水龙吟·登建康赏心亭》。

7.【答案】D。

【解析】刘义庆是南朝宋文学家,与冯梦龙不是一个时代的人。

8.【答案】C。

【解析】A:"永明体"是南朝时期周颙、沈约创制的一种诗体;B:唐代"元白诗派"是以元稹、白居易为代表的诗派,元好问是宋金之际的人;D:归有光是明代唐宋派作家,不属于"桐城派"作家。

9.【答案】B。

【解析】A:《茶馆》是剧本不是小说;C:闻一多诗歌理论"三美"为建筑美、音乐美和绘画美。D:《白鹿原》是著名作家陈忠实的作品。

10.【答案】C。

【解析】A:塞万提斯—西班牙—《堂·吉诃德》;B:斯丹达尔—法国—《红与黑》;D:艾米莉·勃朗特—英国—《呼啸山庄》。

11.【答案】C。

【解析】司马贞和张守节对《史记》的注解,较多集中在地名的考证上。

12.【答案】D。

【解析】莎士比亚的四大悲剧为《奥赛罗》《哈姆雷特》《李尔王》和《麦克白》,《仲夏夜之梦》是莎士比亚的喜剧。

13.【答案】A。

【解析】B:巴尔扎克—《幻灭》—法国—小说;C:狄更斯—英国—《大卫·科波菲尔》—小说;D:拜伦—英国—《唐璜》—小说。

14.【答案】B。

【解析】在元代,散曲一般称为乐府或词,有小令和套数两种基本形式。

15.【答案】A。

【解析】《乡村医生》是巴尔扎克的作品。

语文知识九

1.【答案】C。

【解析】A:直接了当——直截了当;B:名列前矛——名列前茅;D:好高鹜远——好高骛远。

2.【答案】C。

【解析】A:心宽体胖(pàng)——心宽体胖(pán);B:舐(tiǎn)犊之情——舐(shì)犊之情;D:羽扇纶

(lún)巾——羽扇纶(guān)巾。

3.【答案】C。

【解析】A:郭沫若为辛弃疾纪念祠所撰写对联;B:杜甫思念李白时所作;D:后人写白居易的。

4.【答案】B。

【解析】赋,是我国古代的一种文体,它讲究文采,韵律,兼具诗歌和散文性质。是以"铺采摛文,体物写志"为手段,侧重于写景,借景抒情。以"颂美"和"讽喻"为目的的一种有韵文体。它多用铺陈叙事的手法,赋必须押韵,这是赋区别于其他文体的一个主要特征。起于战国,盛于两汉。

5.【答案】B。

【解析】A:唐代三大诗人为李白、杜甫和白居易;C:《庄子》又名《南华经》,是道家经文,是战国中期庄子及其后学所著;D:《燕歌行》—高适—唐代—诗歌。

6.【答案】C。

【解析】《水浒传》是我国最早的章回小说之一,是中国古典长篇白话小说。

7.【答案】C。

8.【答案】D。

【解析】A:《玩偶之家》是易卜生的戏剧作品,非小说;B:安徒生是19世纪的丹麦童话作家,不是文艺复兴时期的作家;C:莫里哀是法国喜剧作家,不是英国人。

9.【答案】C。

【解析】《围城》是钱锺书所著的长篇小说,是中国现代文学史上一部风格独特的讽刺小说。被誉为"新儒林外史"。故事主要写抗战初期知识分子的群相。

10.【答案】D。

【解析】雨果是19世纪法国浪漫主义的代表作家、人道主义的代表人物。

11.【答案】D。

【解析】顺祝安好是现代人的礼貌用语。

12.【答案】C。

【解析】《汉宫秋》是元人马致远的作品;《桃花扇》是清人孔尚任的作品;《镜花缘》的作者则是清人李汝珍。

13.【答案】D。

【解析】池莉以《烦恼人生》《太阳出世》《不谈爱情》成为"新写实小说"的代表作家;《白鹿原》是作家陈忠实的作品;《土地》《面朝大海,春暖花开》是诗人海子的作品。

14.【答案】D。

北曲有杂剧和散曲的分别。散曲有小令和套数两种形式。

15.【答案】A。

【解析】主谓结构对主谓结构。

语文知识十

1.【答案】C。

【解析】谙(ān)熟/黯(àn)然失色;缜(zhěn)密/半嗔(chēn)半笑;拓(tà)本/落拓(tuò)不羁。

2.【答案】B。

【解析】A:全国小客车实施免费通行的第一个节假日,不少高速公路都出现了严重的堵车现象;C:近年来,随着教育教学改革的不断深化,高校学生深受广大用人单位的欢迎;D:在刚性需求消耗殆尽等因素影响下,高房价如何调整备受关注。

3.【答案】C。

【解析】古人认为一年四季,风各有名:春天为和风,夏天为薰风,秋天为金风,冬天为朔风。

4.【答案】A。

【解析】"孤篇横绝"是王闿运对《春江花月夜》的评价;"诗中的诗"、"顶峰上的顶峰"是闻一多对《春江花月夜》的评语。

5.【答案】C。

【解析】《桃花扇》描写了侯方域与李香君的爱情故事。

6.【答案】D。

【解析】"春风得意马蹄疾,一日看尽长安花"出自唐代诗人孟郊《登科后》;"人生到处知何似,应似飞鸿踏雪泥"出自北宋苏东坡《和子由渑池怀旧》;"疏影横斜水清浅,暗香浮动月黄昏"出自北宋诗人林逋的《山月小梅》;"寄意寒星荃不察,我以我血荐轩辕"出自鲁迅《自题小像》。

7.【答案】B。

【解析】最早创作白话诗的是胡适;新月社的主要成员是胡适、徐志摩、闻一多和梁实秋等,其作品充满了自由主义的特点;抒情小说的代表作家是郁达夫。

8.【答案】D。

【解析】戊申是干支法,晦是月相法。

9.【答案】C。

【解析】较多集中在人名、地名的考证上。

10.【答案】C。

【解析】应当属于曲。

11.【答案】B。

【解析】小令通常在58字以下,而《沁园春》通常在114字,已然不属于小令。

12.【答案】A。

【解析】巴金先生的《家》最早于1931年开始在《时报》连载,非创作于抗战时期。

13.【答案】B。

【解析】《屈原》是郭沫若的剧作,不是诗歌;《四世同堂》是老舍先生的长篇小说,不是茅盾先生所作;《原野》是曹禺先生亦即万家宝的作品,不是沈从文先生的作品。

14.【答案】B。

【解析】《秋浦歌》—李白—唐代—诗歌;《哈姆雷特》—莎士比亚—英国—戏剧;《叶甫盖尼·奥涅金》—柴可夫斯基—俄国—歌剧。

15.【答案】A。

【解析】鸳鸯蝴蝶派属于中国近代小说流派。

语文知识十一

1.【答案】C。

【解析】A:省(xǐng)亲/省(shěng)吃俭用,绰(chuò)约/绰(chuò)绰有余,阻塞(sè)/敷衍塞(sè)责;B:熨(yùn)平/心情熨(yù)帖,估量(liáng)/量(liáng)体裁衣,脉(mài)络/一脉(mài)相承;C:慰藉(jiè)/声名狼藉(jí),揣度(duó)/置之度(dù)外,记载(zǎi)/载(zài)歌载舞。

2.【答案】A。

【解析】"空中楼阁"比"海市蜃楼"贴切,"海市蜃楼"常有贬义;"循序渐进"比"步步为营"贴切,"步步为营"意为防守、行动谨慎;"呕心沥血"比"鞠躬尽瘁"贴切。

3.【答案】C。

【解析】"工欲善其事,必先利其器"出自《论语》;"凡事预则立,不预则废"出自《礼记》;"不积跬步,无以至千里"出自《荀子》。

4.【答案】C。

【解析】"遍插茱萸少一人"诗出王维《九月九日忆山东兄弟》,这是一首咏重阳节的诗。

5.【答案】D。

【解析】"昨夜西风凋碧树,独上高楼,望尽天涯路"出自晏殊《蝶恋花》;"衣带渐宽终不悔,为伊消得人憔悴"出自柳永《蝶恋花·伫倚危楼风细细》;"众里寻他千百度,蓦然回首,那人却在、灯火阑珊处"出自南宋词人辛弃疾的《青玉案·元夕》。

6.【答案】A。

【解析】《救风尘》—关汉卿;《梧桐雨》—白朴;《西厢记》—王实甫;《汉宫秋》—马致远。

7.【答案】B。

【解析】托天王晁盖是梁山第二任寨主;白衣秀士王伦是梁山首任寨主;蒋门神蒋忠是打手。

8.【答案】B。

【解析】在《中华大字典》问世以前,《康熙字典》是收字最多的字典。

9.【答案】D。

【解析】明清两代的皇帝大多是一个皇帝一个年号,故用年号称皇帝。汉武帝至元末,一般一个皇帝有一个以上的年号。

10.【答案】D。

【解析】《热风》是鲁迅先生的杂文集。

11.【答案】B。

【解析】王利发、常四爷均是老舍作品《茶馆》中的人物;沙子龙是老舍《魂断枪》作品中的人物。

12.【答案】C。

【解析】《妻妾成群》的作者是苏童;马原的代表作为:《冈底斯的诱惑》《虚构》《上下都很平坦》《纠缠》;《涂自强的个人悲伤》是方方的作品,不是张承志的作品。

13.【答案】B。

【解析】《黄雀记》是苏童的作品;《玉米》《青衣》均是毕飞宇的作品,但不是获茅盾文学奖的作品。

14.【答案】A。

【解析】《浮士德》—歌德—德国;《鲁滨逊漂流记》—笛福—英国;《复活》—列夫·托尔斯泰—俄国。

15.【答案】D。

【解析】司汤达是19世纪法国批判现实主义作家。

语文知识十二

1.【答案】B。

【解析】一愁莫展——筹莫展;既往不纠——既往不咎;融汇贯通——融会贯通,泻气—泄气。

2.【答案】D。

【解析】措手不及,瞬息万变。

3.【答案】C。

【解析】《淮南子》是西汉刘安撰著的论文集,《庄子》,道家经典,庄周及其后学的文集,《楚辞》是诗文集。《山海经》较多保存了先秦时期的神话故事。

4.【答案】B。

【解析】"见贤思齐(焉),见不贤而内自省(也)"出自《论语》,"千里之堤,溃于蚁穴"出自《韩非子》,"君子之交淡若水,小人之交甘若醴"出自《庄子》。

5.【答案】A。

【解析】这是鲁迅先生对《史记》史学价值、文学价值的精辟点评。

6.【答案】C。

【解析】"莫愁前路无知己,天下谁人不识君"出自高适《别董大》,"漠漠水田飞白鹭,阴阴夏木啭黄鹂"出自唐代诗人王维的《积雨辋川庄作》,"此曲只应天上有,人间能得几回闻"出自诗人杜甫的《赠花卿》,"衰兰送客咸阳道,天若有情天亦老"出自诗人李贺的诗《金铜仙人辞汉歌》。

7.【答案】D。

【解析】《孽海花》是晚清长篇谴责小说。

8.【答案】D。

【解析】鲜明提出"诗界革命"口号的是梁启超,梁还提出"欲新民,必自小说革命始。"

9.【答案】C。

【解析】登高,作为民俗活动在重阳节举行。

10.【答案】B。

【解析】乙酉年。根据干支纪年法推导可得。

11.【答案】A。

【解析】《永乐大典》"为世界有史以来最大的百科全书"。

12.【答案】D。

【解析】茅盾先生的《林家铺子》讲述了"林老板"这个精通生意的小商人在抗战初期的艰难处境,《北京人》是曹禺先生的三幕话剧。《莎菲女士的日记》是日记体小说。

13.【答案】B。

【解析】《生死场》《呼兰河传》是萧红最重要的两部小说,它们打破了传统小说的单一叙事模式。

14.【答案】C。

15.【答案】A。

【解析】《阴谋与爱情》—席勒—德国;《玩偶之家》—易卜生—挪威;《红字》—霍桑—美国。

语文知识十三

1.【答案】C。

【解析】A:浅尝辄(就)止,日薄(逼近)西山,责无旁贷(推断);B:本(树根)末倒置,并行不悖(违背、冲突),众望所归(趋向),D:功败垂(将要)成,花团锦簇(汇聚),后来居(处在)上。

2.【答案】B。

【解析】"弘扬……文化"、"营造……氛围"、"汇聚……力量"是最佳搭配。

3.【答案】B。

【解析】"对潇潇暮雨洒江天,一番洗清秋"出自宋柳永《八声甘州》词;"碧云天,黄叶地,秋色连波,波上寒烟翠"出自《苏幕遮·碧云天》,是宋代文学家范仲淹的词作;"春去也,飞红万点愁如海"出自秦观《千秋岁·水边沙外》;"细看来,不是杨花,点点是离人泪"出自北宋诗人苏轼的《水龙吟·次韵章质夫杨花词》。

4.【答案】D。

【解析】《救风尘》主要写恶棍周舍骗娶风尘女子宋引章后又加以虐待,宋引章的结义姐妹赵盼儿巧设计谋将其救出的故事。

5.【答案】C。

【解析】《红楼梦》大观园里的改革,探春是改革的决策者,宝钗是改革的辅佐者,李纨是改革的支持者。

6.【答案】D。

【解析】"桐城派"的代表人物有方苞、姚鼐等,归有光是明代人;《桃花扇》描写了侯方域与李香君的爱情故事;"诗界革命"的代表人物是梁启超。

7.【答案】B。

【解析】麒麟象征祥瑞,鹤与松在一起寓意是长寿。

8.【答案】A。

【解析】耳顺代指六十岁。

9.【答案】D。

【解析】我国的科举考试开始于隋代;"四书五经"成为科举考试的主要内容是明以后的事;明代科举考试分乡试、会试和殿试三级。

10.【答案】B。

【解析】函用于互不隶属的机关之间商洽、询问等公文体。"请示""申请""报告"通常是下级与上级之间的公文体,本题不适合。

11.【答案】C。

【解析】《在酒楼上》塑造新型知识分子的形象;冰心是现代文学史上最早创作儿童文学的作家;赵树理的代表作《小二黑结婚》。

12.【答案】A。

【解析】茅盾是中国革命文艺的重要奠基人。

13.【答案】C。

14.【答案】D。

【解析】《耶路撒冷》是 70 后作家徐则臣的小说。

15.【答案】B。

【解析】但丁是文艺复兴的开拓人物之一,是封建中世纪的终结和现代资本主义纪元开端的标志性人物。

二、现代语文阅读理解专项练习

现代语文阅读理解一

1.【答案】A。

【解析】本文强调要善读书,有悟性地读书,从字句外去解读自然、社会与人生的意义。

2.【答案】B。

【解析】读无字书需观察思考人生和社会,比文本阅读复杂得多。

3.【答案】C。

【解析】文章没有探讨文本问题,只是探讨善读书的问题。

4.【答案】D。

【解析】求知求真,实践探索,读书致用是真正的善读书。

5.【答案】B。

【解析】读书不是耽于章句。善读书就是要获得切实有用的教益。

现代语文阅读理解二

1.【答案】C。

【解析】由于文化遗产大部分是用文言文记录下来的,文化遗产传承的效果就受关注。

2.【答案】A。

【解析】作者在文中举《资治通鉴》和《全唐诗》的例子表达其观点。

3.【答案】C。

【解析】文章中鲁迅的例子可佐证。

4.【答案】A。

【解析】作者认为应首先考虑自愿的原则。

5.【答案】C,E。

【解析】作者并不赞成用少数专业人才翻译、介绍的方法继承传统文化,也不担心从课文里学文言不能持久,只是担心能否学通。

现代语文阅读理解三

1. 采用了比喻的修辞方式。作者用父子两代人的生命延续来比喻麦子从大地向上生长、拔节,生动、形象。

2. 作者从季节、天象和物候三方面描写"谷雨"这个节气来临之后,自然界发生的变化。季节:从春天到夏天(夏天来临);天象:色彩和阳光;物候:麦子、树叶、鸟和农事。

3. 中心思想:通过"谷雨"节气的来临时自然界发生的变化,作者赋与谷雨深刻的内涵,表达了人对自然秩序的敬畏、尊重和顺应。

4. 沉睡的生灵在雷鸣中被唤醒。

现代语文阅读理解四

1. 理论依据或名人名言。

2. 对大学的更高要求是培养学生具有人文精神,亦即大学要培养学生对社会人生真理的坚守和追求。

3. 大学"有深入的学术研究"是大学不同于具体实践部门的地方,是大学需要存在的十分重要的理由。无论是人文科学,还是自然科学,都不能"就事论事"(只强调直接的社会功用),而要注重思考人文底蕴,发掘新的人文精神,关注人的命运和幸福。

4. 假设关系。

5. 是非:指真理;功利:直接的社会功用以及个人名利。

现代语文阅读理解五

1. mào dié;词义:指老年或高龄。耄:八九十岁;耋:七八十岁。

2.　叙述和描写。其中描写包括人物的肖像描写和动作描写。

3.　反问和拟人。

4.　寂寞的含义:(1)花儿在主人去世后无人照料的孤单;(2)花儿失去(懂得欣赏她们的)知音的孤独;(3)花儿的寂寞影射的是人的寂寞,是失去老友后的悲伤和孤独。

5.　通过对友人种花的叙述以及友人去世后园中花儿寂寞的描写,表达了作者对故去友人的深切思念,对无人照应也无人懂得欣赏的花儿们这些自然生命的怜爱和悲悯,同时也表达了自己耄耋之年对生命的无限感慨。

现代语文阅读理解六

1.【答案】B。

文章第二段段首句指出"流行是传统的变异"。在文中还谈论到"经典传统在与时代的结合中发生变异,变异了的传统以一种新的方式流行开来"。结合这两句话就可以判断出 B 项"传统可以发生变异,并以一种新的方式流行开来"切合题意。其余三项的说法都太绝对化。

2.【答案】C。

第三段梁谷音断言昆剧不会衰落,原因在于社会经济发展到了饱和点(富裕阶段),人们会重新产生欣赏高雅古典艺术的欲求,到那时,昆剧的知音又会多起来。而且有一个"昆剧在改革中前进"的前提,即在尊重昆剧本体艺术特征和表现规范的前提下,进行了大胆的创新设计,从而实现了古典与现实的对应,为了老剧种老剧目在找到了新时代结合点之后的新流行。在文中梁谷音强调"社会经济发展到了饱和点(富裕阶段),昆剧的知音又会多起来",没有涉及"人们有更多的时间欣赏昆剧"这个论点。

3.【答案】D。

A 项完全背离文意,B 项只是新版《红楼梦》艺术改革的方式之一,C 项仅是泛泛而论,没有任何针对性,只有 D 项"有现代意识和现代视点"才是进行了大胆的创新设计,从而实现了古典与现实对应的不可或缺的因素。

4.【答案】A。

作者所说的"新红楼现象",其含义是对传统艺术进行创新和改革,找到了新时代结合点之后的新流行,更新了生命力以适应时代的发展。B、C、D 三项说法都是片面化观点。

5.【答案】C。

"这样"是指示代词,一般是指代其前面的内容,最后一段"这样"的前面的内容是"精华部分经过时间的积淀和受众的检验,自身也可能成为传统" 那么此处的"这样"指代的就是"流行或前卫中的精华,经受检验而得到提升"。

现代语文阅读理解七

1.【答案】D。

指示代词"这个"在句中一般是指代离它最近的内容,反观原句的前面一句话,就可以定位是指代"艺术",而且后面一句话"它现在主要是心灵的美的家园"有提示价值,即一切创造的真正意义都是为了艺术这个心灵家园。

2.【答案】C。

"滚动石头"、"骄傲不屈"等词汇就可以联想到古希腊神话故事。西西弗斯触犯了众神,诸神为了惩罚西西弗斯,便要求他把一块巨石推上山顶,而由于那巨石太重了,每每未上山顶就又滚下山去,前功尽弃,于是他就不断重复、永无止境地做这件事。从西西弗斯永不停息地推石头来反抗命运的挑战可以类比史铁生对命运的残酷永不妥协,进而推演到"赞美人类永不言弃的精神"这个层面。

3.【答案】C。

"骄傲"的是人类能够超越自然获得精神升华的一种境界,自然既养育了我们,又威胁了我们人类,但是人类可以创造艺术来建设心灵家园,从超越自然的束缚而获得永恒,再也不会甘受自然之神的摆布,再也不会感受到孤寂,因为人类可以在心灵家园的无限和命运的无常之间构成和谐。

4.【答案】B。

A项"人类建设心灵家园实际上是人类寻求自我安慰的一种方式"应该是一种面对自然的精神与勇气而不是安慰。C、D项的人类可以战胜自然,傲视自然的说法欠妥当。

5.【答案】B。

A项是讲艺术创造的基础,艺术创造源于物质,艺术源于生活。C项是讲艺术创造的动力之一,人类对生活意义的忧思和对美好生活的期盼能够促进艺术创造。D项是讲艺术的精髓。只有B项错误,主要是讲艺术创造的价值。人类可以借助于艺术向自然之神倾诉,可以吁请神的关注,但是"艺术创造使自然之神更加关注人类"的说法在文中属于无中生有。

现代语文阅读理解八

1.【答案】B。

"惊世骇俗",使一般人感到惊骇。司空见惯,形容经常看到的事物,不足为奇。惊天动地,使天地惊动。形容某个事件的声势或意义极大。沸沸扬扬,像沸腾的水一样喧闹。形容人声喧闹。对《红楼梦》后四十回作者的否定应该是惊讶与否,故选B。

2.【答案】D。

由第二段"对后四十回及其作者的认定与评论,大体可分两派。其肯定后四十回为高续并加否定评论者"、"其肯定高续并力挺其文学价值者"、"而他们都是承认后四十回著者为高鹗,则是一致的"可看出:都认为后四十回是高鹗所续但对其艺术水平评价不一。

3.【答案】B。

由"其肯定后四十回为高续并加否定评论者,自鲁迅、胡适、俞平伯、周汝昌以降,实繁有徒,其否定高续者,到张爱玲而臻极致",看出张爱玲的态度是否定的。

4.【答案】C。

由"按我国章回小说的作者,每不易认定。原因是习惯看法,小说是不登大雅之堂的东西,更加政治上的避忌,更不愿以真名姓示人",看出作者认定的原因。

5.【答案】D。

由"总而言之,在古典名作小说的作者问题上,一般说,应取'宜粗不宜细'态度。不至徒费精力,在这种深邃的死胡同里开拓、前进",看出作者的态度。

现代语文阅读理解九

1.【答案】D。

【解析】《山海经》最早收录于《汉书·艺文志》。

2.【答案】C。

【解析】创作文学作品前要反复构思,形式上讲究文采。

3.【答案】A。

【解析】萧统在理论上倡导文史分野,与唐传奇产生之间没有因果关系。

4.【答案】D。

【解析】《金瓶梅》是第一部文人独立创作的长篇白话世情小说。

5.【答案】B。

现代语文阅读理解十

1.【答案】C。

【解析】"无人之境"指纯净不被人"掩蔽"的自然。

2.【答案】A。

【解析】指本来真实的人生。

3.【答案】C。

【解析】指与人类精神相通的自然。

4.【答案】D。

5.【答案】D。

【解析】文明程度越高人性自然发展得越好,与自然越和谐。

现代语文阅读理解十一

1.【答案】D。

【解析】第二处:一种没有人能分担的孤单,沉重地压迫着我。

2.【答案】A。

【解析】文章有"他晚年耳目失其聪明"。

3.【答案】C。

【解析】作者父亲说过:"等书写完了,再生病就不必治了。"

4.【答案】B。

【解析】见文章第三节末句。

5.【答案】C。

【解析】C在文章中没提及。

现代语文阅读理解十二

1.【答案】C。

【解析】文章没有提及改革开放。

2.【答案】D。

【解析】见文章第二、第三节。

3.【答案】B。

4. 各民族应大力弘扬本民族的优秀文化,也要学习借鉴其他民族的优秀文化;不同的文化之间相互交流、取长补短,实现人类社会的大同理想。

三、文言文阅读理解专项练习

文言文阅读理解一

1.【答案】B。

【解析】"辄"在古汉语里有如下意义:(1) 就,立即;(2) 总是;(3) 独断专行。此处作"总是"解。

2.【答案】B。

【解析】据上下文语义,此处作"困苦"解。

3.【答案】C。

【解析】从语义上讲,"艾"应作"悔改"讲,读yì,如自怨自艾。

4.【答案】C。

【解析】"厚"本与"薄"相对,为形容词,此处为"使……厚"之意,与"高其位,大其禄"用法相同。

5.【答案】C。

【解析】文章未提及小人物及其所谓贪心,而是指所有贪心之人。

文言文阅读理解二

1.【答案】B。

【解析】此处"穷"即穷尽、竭尽之意。

2.【答案】D。

【解析】此句"高二尺许"表约数,故"许"作"约略"解。

3.【答案】A。

【解析】"疾己之宝"即忌妒自己的宝贝,故作"忌妒"解。

4.【答案】A。

【解析】文中"世罕其比"、"惋惜"、"声色甚厉"、"惘然自失"等揭示了王恺心理变化的过程。

5.【答案】B。

【解析】文章主要刻画魏晋时王公贵族斗富的社会风气,未及其残暴狠毒。

文言文阅读理解三

1.【答案】C。

【解析】"万物皆备于我"即"为我所备有"之意。

2.【答案】D。

【解析】"愚"在此为第一人物自谦。

3.【答案】A。

【解析】"本"乃根本、根基之意,此句中确好为此意。

4.【答案】A。

【解析】此句等同于"耻于匹夫匹妇不被其泽",故选A。

5.【答案】B。

【解析】"非好古而多闻,则为空虚之学"。好古乃实学之道,非好古无以要闻。故C错。

文言文阅读理解四

1.【答案】C。

【解析】"上山陈"意为在山上排列为阵;"二里所",大概二里地方;"拜"意为授官。

2.【答案】B。

【解析】"当斩"之"当",意为判罪。例:"当高罪死",判赵高死罪。

3.【答案】D。

【解析】"杀其骑且尽",且:将;"虏多且近",且:并且;"已缚之上马;大军不知所之":第一个"之":代词,第二个"之",动词到哪里去。"故弗从;故李将军":第一个"故":表原因;第二个"故",表故旧之意。

4.【答案】A。

【解析】"胡兵终怪之",即以之为怪,意动用法。

5.【答案】D。

【解析】观文章意,可知选 D。

文言文阅读理解五

1.【答案】B。

【解析】"谦"在此通"慊",意为满足。

2.【答案】B。

【解析】"恶(wù,厌恶)恶(è,污浊)臭,好(hào,喜欢)好(hǎo,美好)色。

3.【答案】A。

【解析】诚其意,即使意诚。

4.【答案】D。

【解析】"慎其独"即独处时也谨慎,一种自我修养。

5.【答案】C。

【解析】独善其身是儒家修身的方法之一,不是因为看不透小人之心。

文言文阅读理解六

1.【答案】A。

【解析】由上下文语境可知"济"在此作渡江之意。

2.【答案】D。

【解析】蹴(cù),觉(jiào),骁(xiāo)。

3.【答案】C。

【解析】由"宗室争权,自相鱼肉"一句可知。

4.【答案】D。

【解析】"祖逖不能清中原而复济者,有如大江!"此句表达了祖逖要完成统一大业的决心。

5.【答案】A。

【解析】闻鸡起舞。古人认为鸡鸣即起,故 A 项不正确。

文言文阅读理解七

1.【答案】C。

【解析】"司马子反渴而("而"表因果)求饮";"子反受而("而"表并列关系)饮之","楚师败而("而"表并列关系),共王伤其目"。

2.【答案】D。

【解析】此处"去"为离开的意思。

3.【答案】A。

【解析】"寡人无与复战矣"是描述性句式。

4.【答案】C。

【解析】A. 应该是楚王自伤其眼,非晋厉公;B. 谷阳进酒,行小忠,实则为大忠之贼。D. 是司马子反忘楚国社稷而非楚王共。

5.【答案】C。

【解析】由"司马子反为他,嗜酒而甘之"可判断。

文言文阅读理解八

1.【答案】A。

【解析】"又谁敢怒"即"又敢怒谁";"其谁敢德",即"其敢德谁";"何以报我"即"以何报我"。

2.【答案】C。

【解析】"子其怨我乎?"您难道怨我吗?

3.【答案】B。

【解析】宥在此处作"宽恕"讲。

4.【答案】C。

【解析】由"无怨无德,不知所报"可知。

5.【答案】D。

【解析】由"晋未可与争"可知。

文言文阅读理解九

1.【答案】D。

【解析】此处"度"作"推测"解。

2.【答案】A。

【解析】由"盘庚之迁,胥怨者故也。非特朝廷士大夫而已"等可知。

3.【答案】B。

【解析】"盘庚不为怨者故改其度","故",原因,不是故意。

4.【答案】C。

【解析】关键在理解"名实"的意义,指形式和内容。

5.【答案】B。

【解析】貌似请司马光见恕,实则是逐一陈述己见。

文言文阅读理解十

1.【答案】C。

【解析】骄:骄横放纵。

2.【答案】B。

【解析】A项文中义:设法,现代语义:做法;B. 过问别人的事;C项文中义:士大夫,现代语义:衣服和帽子;D项文中义:中央和地方,现代语义:中国和外国。

3.【答案】B。

【解析】前"为",动词,做;后"为":介词,给,替。A项两个"则"都是连词,表承接,就。C项两个"而"都是连词,表转折,却。D项两个"与"都是介词,和,跟。

4.【答案】D。

【解析】③讲卢钧立法,⑥说卢钧借口有病不管事而去玩,都不能表现卢钧"仁恕廉洁"。

5.【答案】B。

【解析】不是民族矛盾,而是当地汉人、少数民族和政府官员的矛盾。

文言文阅读理解十一

1.【答案】B。

【解析】"遂"在此作顺利成长解。

2.【答案】A。

【解析】从"钜子不可不行墨者之法"可知。

3.【答案】D。

【解析】前三者都是讲外举不避仇,内举不避亲之类的天下大义,与开头两句呼应。

4.【答案】C。

【解析】文中未提及儒学重要人物孔子。

5.【答案】C。

【解析】文章标题"去私"即点明宗旨所在。

文言文阅读理解十二

1.【答案】A。

【解析】"舜其信仁乎"中"信"为的确、确实之意。

2.【答案】D。

【解析】关键在理解"天下过无已者",应为天下人的过错没有完结的时候。

3.【答案】C。

【解析】本题可用排除法。

4.【答案】B。

【解析】"赏罚使天下必行之"既出自文中,也是法家思想的核心。

5.【答案】B。

【解析】文章并未批判儒家思想。

文言文阅读理解十三

1.【答案】C。

【解析】"蔽"此处通敝,破旧之意。

2.【答案】A。

【解析】关键在理解"无所更索",意为无处追寻;"愈于野",超越民间之意。

3.【答案】C。

【解析】从文中最后一句可知。

4. 周天子统治已经衰微;诸侯国兴起,相互征伐;时代变革需要人才,而统治者又有不同的喜好与要求。

四、古诗词鉴赏专项练习

古诗词鉴赏一

1. 交代了时间在晚上，缺月在这里应该是下弦月，挂疏桐，表明残月偏西，漏断则指已到深夜，初静指人声稀少，给后面的"幽""独"作了情景铺垫的作用，也映衬了自然和作者内心的"孤寂"。

2. 在这首词里，作者以孤鸿自比，表现了不愿随遇而安的生活态度。反映了谪居时的孤独与寂寞。

3. 最后两句说，孤鸿不肯栖于寒枝，宁愿栖于寂寞寒冷的沙洲。鸿雁本来只宿苇塘草泽，不栖树枝，"不肯栖"，也暗自表达了作者不肯苟合取荣的意思。

古诗词鉴赏二

1. "漫漫轻云露月光"一句主要借月亮凸现夜的漫长和思念远方征夫的妇人百无聊赖中的凄清孤寂；"唯看新月吐蛾眉"则是诗人收不到家书，对月怀人，仿佛那弯弯新月就像娇妻的蛾眉。

2. 第一首诗是以妇人思念远方的征夫的口吻，第二首诗是以征夫的口吻来写的。共同点是战争让男人走开，无论在家主妇还是疆场征夫，都在思念对方。

3. 当年自己就立下心愿，与妻离别后，甘心独自守空帏；几年来，梦中历尽千山万水，和妻子相会，但梦醒来却发现两人仍是处于别离之中。上句写宿志，兼点明自己的处境；下句写日思夜梦兼诉相思，表现出作者对远方妻子的深厚的感情。

古诗词鉴赏三

1. 这首词用了隐喻的手法，委婉表达了自己不能投入抗敌救国的事业实现河山统一的苦闷心情。
2. 上阕写国运垂危和自己的希望；下阕抒写自己在当政者压抑之下的苦闷和愤慨。
3. 最后一句集中表达了作者对国事的忧愤，其焦急的心情已经转化为深刻的痛苦。

古诗词鉴赏四

1. 三四两句写河北民为了完成北宋政府向金、西夏纳绢，一代又一代学耕织，让官府向金和西夏统治者称臣纳贡，充当顺民；灾荒来了，百姓离乡背井，向南乞讨，成了流民；"悲愁天地白日昏，路傍过者无颜色"，流民成了难民，而北宋政府对外软弱，对内不体恤子民，让百姓成了生不逢时的弃民。

2. "家家养子学耕织，输与官家事夷狄"，男耕女织是中国的传统，作者说"养子学耕织"，实际讽刺官府的投降政策，不组织抗击金和西夏的入侵，反而甘心称臣纳贡，男儿也在学耕织，让官府提供粮食和布匹与侍奉金和西夏统治者。

3. 其一，表达了作者对北宋统治下的边民常年的"苦辛"的同情；其二，表达了作者对当朝统治者软弱无能的强烈不满，表面是恨百姓生不逢时，没有生在唐贞观开元之世，实际是恨最高统治者不能像唐太宗、唐明皇那样，把国家治理得强大富庶。

古诗词鉴赏五

1. 开篇交代了访古的时空，深秋在金陵江边，也点金陵怀古之题。"独"与"满"形成强烈对比，"独上江城满目秋"一句，渲染了大自然的萧索和诗人的孤寂，奠定了全诗的感情基调。与尾联的"故国凄凉""谁与问"前后呼应。

2. 此两联寓情于景，描绘了别渚一鸟、归舟数帆、潇潇晚风、红叶零落、寒云旧楼等景致，勾勒了一个萧索凄惨、寂寥孤冷的意境，表现了诗人沉重压抑的心情。

3. 诗人独自一人，日暮满目秋，寒云压顶，故国凄凉无人问，人心涣散，边患频仍，这几层情景交织之下，读来凄凉，是诗人的无奈无助，也是"故国"——实际是北宋王朝的无奈无助。

古诗词鉴赏六

这是陆游一首咏梅的词，咏物寓志，其实也是陆游自己的咏怀之作，表达了自己孤高雅洁的志趣。

上阕集中写了梅花的困难处境。它植根的地方，是荒凉的驿亭外面，断桥旁边。加上黄昏时候的风风雨雨，多么冷落凄凉！无人过问的梅花，是"独自愁"，这与上句的"寂寞"相呼应。写梅花的遭遇，也是作者自写被排挤的政治遭遇。驿外断桥、暮色、黄昏，原本已寂寞愁苦不堪，更添凄风冷雨，孤苦之情更深一层。尽管环境是如此冷峻，它还是"开"了。梅花处境恶劣，于梅花只作一"开"字，但是其倔强、顽强已不言自明。

下阕托梅寄志，写梅花的品格。"一任"百花嫉妒，开得最早的梅花，却无意与它们争春斗艳。凌寒先发，只有迎春报春的赤诚。"苦"者，抵死、拼命、尽力也。从侧面讽刺了群芳。梅花并非有意相争，即使"群芳"有"妒心"，那也是它们自己的事情，就"一任"它们去嫉妒吧。在词中，写物与写人，暗含着作者的不幸遭遇，揭露了苟且偷安的那些人的无耻行径。说"争春"，是暗喻人事；"妒"，则非草木所能有。这两句表现出陆游性格孤傲，决不与争宠邀媚、阿谀逢迎之徒为伍的品格和不畏谗毁、坚贞自守的铮铮傲骨。即使凋零飘落，成泥成尘，依旧保持着清香。词中所写的梅花是他高洁的品格的化身。

这首词则是写失意的英雄志士的形象，成功地运用比兴手法。作者以梅花自喻，以梅花的自然代谢来形容自己，已将梅花人格化。"咏梅"，实为表达自己的思想感情，给人们留下了十分深刻的印象，成为一首咏梅的杰作。

古诗词鉴赏七

这首词是辛弃疾贬官闲居江西时的作品。明月清风，疏星稀雨，鹊惊蝉鸣，稻花飘香，蛙声一片。词从视觉、听觉和嗅觉三方面抒写夏夜的山村风光。情景交融，优美如画。恬静自然，生动逼真，是宋词中以农村生活为题材的佳作。

《西江月》原题是《夜行黄沙道中》，记作者深夜在乡村中行路所见到的景物和所感到的情绪。

读上阕，须体会到寂静中的热闹。"明月别枝惊鹊"句的"别"字是动词，就是说月亮落了，离别了树枝，把枝上的乌鹊惊动起来。这句话是一种很细致的写实，只有在深夜里见过这种景象的人才懂得这句诗的妙处。乌鹊对光线的感觉是极灵敏的，日蚀时它们就惊动起来，乱飞乱啼，月落时也是这样。这句话实际上就是"月落乌啼"（唐张继《枫桥夜泊》）的意思，但是比"月落乌啼"说得更生动，关键全在"别"字，它暗示鹊和枝对明月有依依不舍的意味。鹊惊时常啼，这里不说啼而啼自见，在字面上也可以避免与"鸣蝉"造成堆砌呆板的结果。"稻花"二句说明季节是在夏天。在全首词中这两句产生的印象最为鲜明深刻，它把农村夏夜里热闹气氛和欢乐心情都写活了。这四句里每句都有声音（鹊声、蝉声、人声、蛙声），却也每句都有深更半夜的悄静。这两种风味都反映在夜行人的感觉里，他的心情是很愉快的。

下阕的局面有些变动了。天外稀星表示时间已有进展，分明是下半夜，快到天亮了。山前疏雨对夜行人却是一个威胁，这是一个平地波澜，可想见夜行人的焦急。有这一波澜，便把收尾两句衬托得更有力。"旧时茅店社林边，路转溪桥忽见"是个倒装句，倒装便把"忽见"的惊喜表现出来。正在愁雨，走过溪头，路转了方向，就忽然见到社林边从前歇过的那所茅店。这时的快乐可以比得上"山重水复疑无路,柳暗花明又一村"(陆游《游山西村》)那两句诗所说的。词题原为《夜行黄沙道中》,通首八句中前六句都在写景物,只有最后两句才见出有人在夜行,收尾便有画龙点睛之妙。

这首词,有一个生动具体的气氛(通常叫做景),表达出一种亲切感受到的情趣(通常简称情)。这种情景交融的整体就是一个艺术的形象。

古诗词鉴赏八

1. 这是李后主在亡国被俘后所作,表达了他思念故国的悲苦心情,对过去的宫廷生活的怀恋和前后身份巨大落差的无奈之感。

2. 上阕用倒叙,先写梦醒,再写梦中。开头说五更梦回,薄薄的罗衾挡不住晨寒的侵袭。帘外,是潺潺不断的春雨,是寂寞的残春。此种情景,词人倍增凄苦之感。"梦里"两句,追忆梦中情事:忘记自己已经为阶下囚,似乎还在故国的宫殿,享受片刻的欢娱。

3. 春,比喻过去的美好生活,也暗喻自己的人生。天上人间,相隔遥远,不知其处。过去的生活和现在相比,有着巨大的落差。词人长叹水流花落,春去人逝,过去的一切美好,覆水难收,一去不返。

古诗词鉴赏九

1. 前八句写粳稻因推迟收割,又遇上绵绵秋雨,水稻倒伏田间,农人夜宿田埂抢收归仓;九至十二句写稻子卖不出好价钱,其贱如同糠秕,无法完税,还要卖牛拆屋,至于第二年生活着落,无法兼顾。最后两句,写农家苦比黄连,不如投河自尽,了此一生 。

2. 王安石的"新法"实行后,国家赋税收钱不收米,造成钱荒米贱的现象,农民把米贱卖后换钱纳税,结果钱和米都没有。"西北万里招羌儿"是说北宋王朝要灭西夏,花了不少的钱粮去"招抚"沿边的羌人部落,这又增加了农民的赋税。

3. 诗人运用了对比的手法,凸现农民生产的艰苦、生活的艰辛和生存的艰难。"茆苫一月垄上宿""汗流肩赪载入市"与"价贱乞与如糠秕"形成了强烈的对比。

古诗词鉴赏十

1. 这是唐诗中山水类题材的名篇,诗人将高洁的情怀和对理想境界的追求寄托在诗情画意之中。

2. "新"字写出了山雨初停后万物为之一新的清新气象,为诗人表现自己归隐山水的理想做了铺垫。

3. 在翠竹青莲之中,生活着一群无忧无虑、勤劳善良的人们。这纯洁美好的生活图景,反映了诗人过安静纯朴生活的理想和对官场虚伪肮脏的厌弃。

4. 诗人先写"竹喧""莲动",浣女隐在竹林之中,渔舟被竹叶遮蔽,起初未见,等听到竹林喧声,看到莲叶纷披,才发现浣女、莲舟。青松明月下的"静",与竹林、莲舟的"动"形成对比;未见其人,先闻其声,由"竹喧""莲动"到浣女与渔舟的呈现,视听相辅相成。

古诗词鉴赏十一

《枫桥夜泊》描写了一个秋天的夜晚,诗人泊船苏州城外的枫桥。江南水乡秋夜幽美的景色,吸引着这位怀着旅愁的游子,使他领略到一种情味隽永的诗意美,写下了这首意境深远的小诗,表达了诗人旅途中孤寂忧愁的思乡感情。

为什么诗人一夜未眠呢?首句写了"月落、乌啼、霜满天"这三种有密切关联的景象。上弦月升起得早,到"月落"时大约天将晓,树上的栖鸟也在黎明时分发出啼鸣,秋天夜晚的"霜"透着浸肌砭骨的寒意,从四面八方围向诗人夜泊的小船,使他感到茫茫夜空中正弥漫着满天霜华。第二句写诗人一夜伴着"江枫"和"渔火"未眠的情景。

前两句写了六种景象,"月落""乌啼""霜满天""江枫""渔火"及泊船上的一夜未眠的客人。后两句只写了姑苏城外寒山寺,夜半的钟声传到船上的情景。前两句是诗人看到的,后两句是诗人听到的。在静夜中忽然听到远处传来悠远的钟声,一夜未眠的诗人有何感受呢? 游子面对霜夜江枫渔火,萦绕起缕缕愁绪。这"夜半钟声"不但衬托出了夜的静谧,而且揭示了夜的深沉,而诗人卧听钟声时的种种难以言传的感受,也就尽在不言中了。

这首诗采用倒叙的写法,先写拂晓时景物,然后追忆昨夜的景色及夜半钟声,全诗有声有色,有情有景,情景交融。

古诗词鉴赏十二

1. 这首诗借咏丹橘抒写自己的怀抱,用了托物寓志的表现手法。诗人自比南国的丹橘,认为自己虽遭贬抑,仍不失高洁志趣。

2. "岁寒心"语出《论语·子罕》:"岁寒然后知松柏之后凋也。"诗人用此句赞美丹橘和松柏耐寒的节操,象征自己不畏恶势力打压,不降其志的品格。

3. "可以荐嘉客"是表达作者为世所用,服务国家社会的信念,如同丹橘以硕果之身贡献于人的品格;"命运惟所遇",命运的好坏是由于遭遇的不同,如同周而复始的自然之理,无法追穷,表达了作者对自身遭遇和命运复杂的情感。"此木岂无阴",是作者对丹橘不如桃李遭遇的愤懑不平,实则也是为自己遭遇鸣不平,表达了作者依然希望会为世所用,贡献社会的愿望。

古诗词鉴赏十三

1. 上阕写月光常新,人生易老,作者对月发问,表现了内心的愤懑、愁思,展示了一个有抱负、有才干而不被重用的英雄的内心矛盾。一二句写岁月不老,三四句写人生易老,形成强烈的对比。

2. 承上:月光皎洁,诱人飞天,于是"乘风好去";启下:到了空中,就可以看到人间。

3. 渴望铲除黑暗,播撒光明。"桂婆娑"喻指入侵的金朝统治者和掌握朝廷实权的主和派。

古诗词鉴赏十四

1. 乾坤:立于天地之间,有壮志;腐儒:不"遇"于世,百无一用;怀才不遇的悲愤心情。

2. 片云,孤月,寓漂泊江汉的羁旅之感;高天,寓凌云壮志,明月,寓品格高洁。

3. 老马识途。

五、专项作文练习(略)